<u>أرشيفات المركز الدولي للدراسات والاستشارات والتوثيق - مداد (مصر)</u>

<u>الجزء الرابع</u>

<u>ملفات الشيعة السعوديين (4)</u>
<u>(أكثر من أربعين ألف كلمة)</u>

إشراف: ممدوح الشيخ

الكتاب: أرشيفات المركز الدولي للدراسات والاستشارات

والتوثيق – مداد (مصر) – الجزء 4.

إشراف: ممدوح الشيخ

هذه السلسلة

هذا الكتاب هو الإصدار الرابع من سلسلة "أرشيفات المركز الدولي للدراسات والاستشارت والتوثيق – مداد (مصر)"، وستصدر بمشيئة الله بالتتابع في ملفات مقسمة بحسب موضوعاتها. وهي خدمة نقدمها للباحثين والمؤسسات الأكاديمية والبحثية المهتمة بمختلف القضايا العربية.

ولاحقاً بإذن الله نستكمل الموضوع الأول "السعويون الشيعة"، ثم نوالي بمشيئته سبحانه وتعالى نشر ملفات قضايا أخرى منها: الهوية، الدولة، الجنس والجسد، ما بعد الدولة، .... وعشرات القضايا الأخرى. كما ستتضمن ملفاتنا شخصيات وتشكيلات حضارية وثقافية.

4

والمادة منتقاة بعناية وموثقة.

ويمكن التواصل مع المركز في شأن طلب ملفات

بعينها عبر البريد:

.mmshikh@hotmail.com

كما يسعدنا تلقي ملاحظاتكم.

نسأل الله أن ينفع بها

مدير المركز (المشرف على السلسلة)

ممدوح الشيخ

العلاقات المتبادلة بين شيعة السعودية وإيران

الهيثم زعفان

الدارس للمذهب الشيعي يعلم جيداً حجم الارتباط العضوي بين عوام الشيعة وعلمائهم، ويدرك مدى التأثير التوجيهي والعاطفي لخطبهم وكتاباتهم في نفوس العوام، فهو تأثير عقدي قائم على الإكبار والتجليل، ولما كان للموجه هذه المكانة في نفوس المتلقين فبدهي أن يتحرك المتلقي تبعاً لمراد الموجه.

وارتباط شيعة المملكة العربية السعودية بعلماء إيران متكرس في أدبيات وتصريحات شيعة البلدين، وتجربة الخميني خير دليل على الترابط بين النسيج الشيعي داخل وخارج إيران يقول الكاتب الشيعي نجيب الخنيزي **"إن الإمام الخميني ولأول مرة في تاريخ الشيعة الحديث كان مرجعاً دينياً وسياسياً⸙ في آن واحد، وكانت إيران والمملكة تعيشان صراعاً حاداً بشأن مسائل عديدة، ولا شك في أن انتصار الثورة في إيران، وبقيادة علماء دين، أعطى دفعة معنوية لشيعة المملكة، وضمن هذه الحدود كان الأمر مقبولاً وطبيعياً، فالتموجات السياسية تؤدي**

إلى انعكاسات محلية ليس فقط على فئة محددة من السكان بل على مجمل البلدان والشعوب المجاورة، ويكون تأثيرها بحجم الخلل الداخلي القائم".

وتتجسد العلاقة الوجدانية بالخميني عند شيعة المملكة بالحرص على تزيين حوائط منازلهم بصور الخميني مع رفعهم لصوره في مظاهراتهم بين الفينة والأخرى. هذا فضلاً عن تنشئة الأبناء على الاقتداء التربوي والعقدي بالخميني وأطروحاته الفكرية والعقدية.

ويؤكد شيعة المملكة على ارتباط قطاع عريض منهم في مرجعيتهم التوجيهية بعلماء إيران حيث يقول المفكر السعودي الشيعي الدكتور فؤاد إبراهيم مؤلف كتاب: "تطور الفكر السياسي الشيعي": "من حيث الانتماءات المرجعية يوجد بين شيعة المملكة قسم يرجع إلى السيد علي السيستاني في النجف الأشرف، وقسم آخر يرجع إلى السيد علي الخامنئي والسيد محمد صادق الروحاني والسيد صادق الشيرازي في إيران، وقسم منهم يرجع إلى السيد محمد حسين فضل الله في لبنان، لكن نسبة كل قسم من هذه الأقسام غير معلومة. وأتباع نظرية ولاية الفقيه المطلقة، كما هو الحال بالنسبة للسيد الخميني في السابق والخامنئي الآن، يرون أنه "لولي أمر المسلمين ولاية

على مقلديه خارج الحدود، بحيث لو أصدر حكماً فعليهم اتباعه".

وهناك عدد غير قليل من علماء شيعة المملكة قد أتم دراسته الدينية على يد علماء إيران ومنهم حسن الصفار والذي أتم دراسته الدينية في قم بإيران ثم أقام بعد ذلك في إيران عشر سنوات من عام 1400 إلى 1410 هـ — توفي أباه العام 1374هـ وهو في طريقه من إيران إلى العراق — وعلى الرغم من اتصاف الصفار بالمعتدل، داخل المملكة إلا أنه لا ينكر تبعية شيعة المملكة للخارج، وإن كان يحاول التخفيف بأن التبعية إنما هي دينية فقط أما التبعية السياسية فهي للمرجعيات الشيعية المحلية، وفي ذلك يقول الصفار في مقابلة مع قناة العربية: "أغلبية شيعة المملكة مرجعيتهم في النجف، وهناك قسم من المواطنين الشيعة مرجعيتهم في قم، ولكن سواء كانت المرجعية في قم أو في النجف فإنها في إطار الفتاوى الدينية والقضايا الدينية، فيما يرتبط بالوضع السياسي فالقيادات المحلية الشيعية هي التي تتعاطى مع هذه الأمور دون أي تدخل من المرجعيات في قم أو في النجف"، نلاحظ هنا أن الصفار قد أحال التبعية السياسية لعلماء الشيعة في الداخل وليس للدولة السعودية، ومعلوم أن علماء الداخل أشد تبعية لعلماء الخارج من العوام.

ويؤكد الصفار على هذه العلاقة في مقابلة أخرى مع صحيفة "سعودي جازيت" بقوله: "علاقتنا مع المجتمعات الإسلامية المجاورة طيبة وخاصة على مستوى العلاقة الدينية والثقافية حيث نتواصل مع المرجعيات الدينية والحوزات العلمية في إيران والعراق".

وعن تقييمه لعلماء إيران يقول الصفار في مقال بجريدة الشرق الأوسط: "الإيرانيون أصبحت السلطة بيد علمائهم منذ ربع قرن، ودولتهم من أقوى دول المنطقة".

وإذا كان الصفار يرى أن المرجعية لإيران هي في النواحي الدينية فقط أما الشأن الداخلي فمرده إلى القيادات الشيعية المحلية فإن التصعيد الأخير في أحداث البقيع وما تبعه من تصريحات شيعية لا يختلف عن ذات الرؤية التصعيدية الإيرانية للحدث، فهذا نمر النمر أحد زعماء الشيعة بالقطيف يهدد على خلفية أحداث البقيع نظام الحكم السعودي بالأخذ بخيار الانفصال قائلاً: "كرامتنا أغلى من وحدة هذه الأرض"، وتابع مستنهضاً ومحرضاً شيعة السعودية "لن تنالوا عدلاً إلا بالجهاد".

ولا عجب أن تأتي تصريحات النمر مشابهة لتصريحات كثير من الإيرانيين حول الحدث ذاته، فنجد محمد علي أبطحي مساعد الرئيس الإيراني السابق محمد خاتمي يقول في مقال نشر في موقع "عصر إيران": "إن الحكومة السعودية وقعت في خطأ

تاريخي عندما وضعت المناخ السياسي في السعودية بتصرف المتطرفين الوهابيين ومنحت مكانة أكثر من اللازم لعلماء الدين المتعصبين لكي تجعل الوهابية سداً أمام تنامي التشيع". وأضاف مهدداً: "إن الشيعة في السعودية هم أكثر عدداً من الوهابيين، وإذا ما استمر هذا الضغط فإن السعودية ستواجه ضغوطاً داخلية غير قابلة للتصور".

وفي ذات التوقيت أتت خطبة الجمعة حول أحداث البقيع لآية الله أحمد خاتمي، وهو واحد من أكثر علماء الدين قرباً من المرشد الإيراني الأعلى علي خامنئي حيث هاجم بعنف الحكومة السعودية في تعاملها مع الملف الشيعي وأوضح: "أن ايران تدعم ما أسماهم بالمظلومين في السعودية، متسائلاً: " لماذا لا تمنح الحكومة السعودية سكانها من الشيعة حقوقهم على حد زعمه". مزيناً كلامه بتهديد واضح وصريح بقوله: "إن إيران لا تسمح بتعرض أي شيعي ومسلم في أي بقعة من العالم للظلم". كما هاجم خاتمي هيئة الأمر بالمعروف والنهي عن المنكر بشدة بالغة بقوله: "إن الوهابيين المتطرفين ليسوا من السنة، فهم باسم هيئة الأمر بالمعروف والنهي عن المنكر يرتكبون المنكر ويخلقون المشاكل للإيرانيين ويسلبون راحتهم في أعمال العمرة".

وقد قام المرجع الديني في مدينة قم، لطف الله صافي كلبايكاني بالتصعيد أيضاً في ذات التوقيت باتهامه زوراً لهيئة الأمر بالمعروف والنهي عن المنكر بقيامها بالتعدي على الحقوق الإنسانية والإسلامية في تعاملها مع أحداث البقيع.

فهل هو مجرد توارد خواطر أن تأتي تصريحات علماء إيران وساستها المهاجمة للحكومة السعودية ولهيئة الأمر بالمعروف والنهي عن المنكر المباركة متزامنة مع تصعيد شيعة الداخل لوتيرة الحدث المفتعل، ومهاجمتها للحكومة وللهيئة بهذه الصورة المشينة؟ وهل للصفار أن يقول الآن ليس لإيران سلطان على علماء الشيعة في الداخل؟

إن الإجابة التوضيحية على هذا التساؤل قدمها مفتي جبل لبنان الشيخ محمد علي الجوزو بقوله: "إن إيران تأبى إلا أن تنال من المملكة العربية السعودية تارة ومن جمهورية مصر العربية تارة اخرى، وتأبى إلا أن تتدخل في الشؤون الداخلية لكلتا الدولتين العربيتين، فتحرّض الشيعة في السعودية على أولياء أمورهم، كما تغمز من عقيدة أهل السنة والجماعة، من خلال الادعاء أن الوهابيين ليسوا من أهل السنّة". ويضيف فضيلته: "لقد انكشف دور إيران الخبيث في المنطقة، وكيف أنها تزرع المصائب والكوارث في العالم العربي وتقف وراء الفتن المذهبية، ثم تستغل هذه الكوارث أبشع استغلال، فلم يعد

خافياً على العرب خصوصاً وعلى المسلمين عموماً ما تقوم به ايران من تحريض للشيعة على السنّة في السعودية والكويت والبحرين."

تبقي نقطة أخيرة في علاقة شيعة المملكة بإيران وهي "الخمس" والذي يخرجه شيعة المملكة لصالح العلماء في الداخل والخارج والذي يبدو أن فيه نوع من التلاعب والتواطؤ بناء على ما قاله الكاتب الشيعي "جواد الحاج" في مقال مطول نشره موقع (آفاق) 16 سبتمبر 2008 بأن "الشيعة في لبنان والعراق وإيران استولوا على مئات الملايين من الدولارات من أموال الأخماس والزكوات والتبرعات من الشيعة السعوديين، فالأموال تذهب إلى جيوب علماء الدين في داخل الوطن وخارجه! ليتنعم بها الإيرانيون والعراقيون واللبنانيون باسم التشيع والطائفة!". واتهم الكاتب علماء دين شيعة سعوديين بالتواطؤ مع مؤسسات دينية في تلك الدول لامتصاص الأموال.

علاقات متبادلة بين شيعة السعودية وإيران لا تقف عند حدود الاسترشاد الفقهي والتعاليم الدينية فقط كما يحاول البعض توصيفها، لكنها تمتد لأبعد من ذلك، لتعبر وفق النصوص الشيعية التي بحثنا عنها في أروقة الشيعة وكتابتهم، عن منظومة

متكاملة ولاية الفقيه قبلتها وجباية الخمس دعامتها واضطرابات شيعة الداخل أدواتها.([1])

([1]) العلاقات المتبادلة بين شيعة السعودية وإيران - الهيثم زعفان — موقع المسلم — 1/ 4 /2009 — الرابط:

http://www.almoslim.net/node/109491

نجيب الخنيزي في حوار استثنائي مفتوح حول:

الحراك الاجتماعي والثقافي والإصلاحي في السعودية

1 – اعتبر الأمير طلال في حديث للبي بي سي العاهل السعودي "الشخص الوحيد الذي يمكنه إجراء الإصلاحات، واعترف ان وفاة الملك عبد الله دون ان يقدم على اصلاحات، من شانه أن يفجر المشاكل والخلافات ترى ماذا تستنتج من هذه التصريحات في عصر بدأت الشعوب العربية الكفاح لتكون صاحبة كلمتها وقرارها ؟

* الأمير طلال بن عبد العزيز في حديثه الذي بثته بي بي سي كان متصالحاً إلى حد كبير مع قناعاته ورؤيته التي طرحها منذ الستينات من القرن الماضي ، سواء حين لعب دوراً رئيسياً إلى جانب الشخصية التقدمية البارزة عبد العزيز المعمر الذي كان مستشار للملك الراحل سعود بن عبد العزيز في تشكيل الحكومة التي سميت بوزارة الشباب ، حيث ضمت في صفوفها العديد من الوجوه الوطنية ، أو حين اختار المنفى بعد سقوط أو استقالة الحكومة التي لم تكمل العامين ، لكنها أقدمت على العديد من الإجراءات الإصلاحية التي وأدت في مهدها ، ومن بينها سن

دستور حديث للبلاد يتضمن إقامة مجلس شورى منتخب جزئياً،
كما ينص على ضمان الحريات العامة للمواطنين. في المنفى شكل
الأمير طلال ما يسمى "**جبهة النضال الوطني**" التي ضمت بعض
أخوته من الأمراء المنشقين والذين عرفو بالأمراء الأحرار، كما
تحالف الأمير طلال لفترة معينة مع اليسار في السعودية الممثل
في **جبهة التحرر الوطني** من أجل تحقيق إصلاحات عميقة في
البلاد. علينا أن نقف عند العديد من المعوقات المعروفة التي
تواجه الأطروحات الإصلاحية من قبل بعض مراكز اتخاذ القرار
ناهيك عن غياب نظرة شمولية وعميقة للإصلاح لديهم.

وفي الواقع نحن في سباق مع الزمن، فما كان مقبولاً قبل
الانفجارات الثورية العاصفة التي تهز جل البلدان العربية بما في
ذلك العديد من بلدان مجلس التعاون الخليجي، لم يعد مقبولاً
الآن. هناك رفع لمستوى سقف المطالب الشعبية التي لم تعد
ترضى بالفتات أو بحلول ترقيعية. العالم العربي أمام مفترق طرق.
هناك خياران فقط لا ثالث لهما في العالم العربي، أما الإصلاح
الحقيقي والشامل أو الانفجار والثورة. شعوب ومجتمعات البلدان
العربية المغيبة والمهمشة على مدى قرون من قبل أنظمة
استبدادية/ فاسدة تستيقظ وتنتفض كاسرة حاجز الخوف، وباتت
مستعدة لبذل أعظم التضحيات في سبيل نيل حقوقها في الحرية
والعدالة والكرامة الإنسانية.

2 — ما هي طبيعة المشاكل الرئيسية التي تعاني منها السعودية على الصعد الاقتصادية والاجتماعية وخصوصا تفشي مظاهر الفساد التي كشفت كارثة جدة جانب منها؟

* كارثة جدة سلطت الضوء على مدى عمق أوجه الفساد المالي والإداري التي يخترق الجهاز البيروقراطي المترهل في بلادنا، ناهيك عن تورط بعض الفئات المتنفذة في شيوع ذلك الفساد، حيث لم تتورع في الاستحواذ على مبالغ خيالية تصل إلى المليارات من الريالات في مشاريع وهمية أو هابطة الجودة. غير إن المسألة أعمق من ذلك.

بداية علينا أن نقف عند الوفر المالي الذي تحقق في الإيرادات الفعلية للدولة في الأعوام الماضية، وارتفاع أرصدة المملكة من النقد الأجنبي إلى قرابة 400 مليار دولار الأمر الذي مكنها من التخفيض الملموس والجدي لدينها العام وعدم الحاجة إلى اللجوء للاقتراض أو اللجوء إلى إصدار سندات خزانة لتحويل العجز في الميزانية الجديدة. وقد ركزت الميزانية في السنوات القليلة الماضية على تحسين وتطوير البنية التحتية والخدماتية، وخصوصاً في قطاع التعليم والموارد البشرية حيث تم تخصيص ربع الميزانية للتعليم العام، والتعليم العالي وتدريب القوى العاملة في الميزانية الحالية للعام 2011. هذه الملامح الإيجابية التي ترسمها الميزانية السنوية هل تعني أن علينا أن نرسم صورة

زاهية عن اقتصادنا الوطني ومسار تطوره؟ من المهم تسليط الضوء على المعوقات التي لا تزال تعترض مسار التنمية الاقتصادية والاجتماعية لبلادنا ، وهو ما يعني عدم الاستكانة إلى المسكنات والحلول المؤقتة ومحاولة تدوير أو ترحيل الأزمة والمشكلات النابعة عنها والتي يأتي في مقدمتها إيجاد الحلول للمعضلة الرئيسة التي تجابه اقتصادنا الوطني وهي الاعتماد شبه الكامل على قطاع واحد وهو استخراج النفط الذي يشكل قرابة 90 % من الصادرات ودخل الدولة وحوالي 60 % من الدخل القومي الإجمالي ، وهو ما يجعل اقتصادنا (وحيد الجانب) ومجمل العملية التنموية أسيرة لتذبذبات أسعار النفط ارتفاعاً وهبوطاً ، ما يعكس اختلالاً واضحاً في التوازن الاقتصادي المطلوب. وفي الواقع فإن مجمل العملية الاقتصادية والتنموية وتأثيراتها على المستوى الاجتماعي ، تعود إلى اعتماد اقتصادنا على إنتاج سلعة واحدة «النفط» ناضبة مهما طال عمرها الافتراضي ، لهذا نرى التأرجح والتذبذب على صعيد الموارد والميزانية العامة للدولة والدورة الاقتصادية ومستوى دخل الفرد وأوضاعه المعيشية والحياتية ترتبط بدرجة أساسية بمواردنا من النفط وهذه حالة غير صحية على الإطلاق. إذ لا يمكن لأي اقتصاد نام ومتطور في العالم أن يستمر في الاعتماد على إنتاج سلعة واحدة مهما بلغت أهمية وإستراتيجية هذه السلعة. خصوصا إذا أخذنا بعين الاعتبار الضغوط المختلفة التي تتعرض لها بلدان العالم الثالث

المتخصصة أو المعتمدة على إنتاج المواد الخام أو سلعة واحدة. ومن المعروف أن أسباباً اقتصادية وسياسية واجتماعية وعوامل إقليمية ودولية لعبت دورا مهما في إيصال سوق النفط الدولية إلى حافة الانهيار في "عام 1998م" والتي تكررت إبان الأزمة المالية/ الاقتصادية الأخيرة، قبل أن تستعيد الأسعار عافيتها مجدداً، وخصوصاً منذ بداية العام الماضي.

السعودية التي تمتلك أكثر من 25 % من المخزون النفطي العالمي وباعتبارها الدولة المنتجة الأولى لهذه السلعة الاستراتيجية قادرة على توظيف هذه الإمكانيات من أجل تحصين اقتصادها وتصويب وتوازن مسيرتها التنموية بحيث يستفيد منها المواطنون والمناطق كافة. وضمن هذا السياق ينبغي العمل على تطوير الهياكل والتنظيمات والقوانين والتشريعات المتعلقة بالمشاركة الشعبية في اتخاذ القرار وإطلاق الحريات العامة، والحد من البطالة والفقر وغلاء الأسعار، ومكافحة الفساد المالي والإداري، وتطوير قوانين وأنظمة الاستثمار الأجنبي والضرائب بما يقر النشاط الاستثماري الأجنبي مع وضع الضوابط الضرورية التي تحافظ على المصالح الاقتصادية الوطنية لمنع التأثيرات السلبية لهذه الأنشطة كما حصل مع تجربة بلدان شرق آسيا (في التسعينيات).

ويصب في هذا الاتجاه مراجعة نظام العمل والعمال ونظام التأمينات الاجتماعية وإعادة تنظيم سوق الأسهم التي تعرضت لانهيارات متتالية في السنوات الأخيرة وتضرر من جرائها شرائح واسعة من صغار المستثمرين وهو ما يندرج في إطار مراجعة مجمل الأداء الاقتصادي وبما يحقق الكفاءة والتوازن والتنسيق المطلوب لمختلف المرافق والهيئات المعنية بالتنمية الاقتصادية/ الاجتماعية المتوازنة وتنويع مصادر الدخل وترشيد الإنفاق وتوجيهه توجيهاً استثمارياً، وهو ما يعني عمليا إضفاء نوع من التخطيط المركزي في تحديد مسار التطور الاقتصادي والتنمية الشاملة بأبعادها المختلفة، وإذا كان الإنسان هو أداة وهدف التنمية فإن هذا يتطلب إيلاء الاهتمام والعناية بتطوير الموارد البشرية وربطها بالعملية الاقتصادية والتنموية من خلال تحديد مدخلات ومخرجات التعليم والسكان وسوق العمل، والتأكيد على البعد الاجتماعي ومراعاة الحق في العمل والتعليم والصحة والسكن والضمان الاجتماعي والحياة الراقية الكريمة للمواطن وخصوصا مراعاة مستقبل الأجيال الجديدة. إذ علينا أن نأخذ بعين الاعتبار بأن عدد السعوديين يقدر بحوالى 18 مليون نسمة وأن متوسط أعمار 70 % من السعوديين لا يتجاوز العشرين عاماً، وأن عدد السكان يتزايد بمعدل يتراوح ما بين 3 و 3.5 % سنويا.

وفي الوقت نفسه تشير بعض المعطيات الاقتصادية إلى ارتفاع نسبة العاطلين بين السكان إلى نسبة تتراوح ما بين 20 و25 % جلهم من الشباب والنساء، في حين يوجد أكثر من 8 ملايين عامل ووافد أجنبي يشكلون أكثر من 85 % من مجموع العمالة في القطاع الخاص، معظمهم من العمالة غير المؤهلة وتصل التحويلات المالية لهؤلاء ما يقارب 15 مليار دولار سنوياً.

وفي هذا الصدد نرى أنه من الضروري (وهو ما أكدت عليه الموازنات المتعاقبة) إيلاء الاهتمام النوعي بالتعليم وتوسيع وتطوير شبكة التعليم العالي ومراكز البحث والتطوير والتدريب المهني والمعاهد التكنولوجية والفنية وربطها بالعملية الإنتاجية ومتطلبات التنمية واحتياجات سوق العمل.

ويأتي في مقدمة الأولويات تجاوز ظاهرة الاقتصاد الريعي والعمل على تنويع مصادر الدخل الوطني والاهتمام بتكامل وربط قطاع استخراج وتطوير النفط والغاز مع الصناعات التحويلية الأخرى مثل الصناعات البتروكيماوية والصناعات المعتمدة على الطاقة وتقليل الاعتماد على تصدير النفط الخام وزيادة القيمة المضافة عبر تشجيع ودعم تصنيع المنتجات النهائية والعمل على توطين التكنولوجيا الرفيعة في هذا المجال.

كما ينبغي الحفاظ على جدوى وفاعلية قطاع الدولة مما يتطلب إعادة تفعيل وتطوير الإدارة والعمل على إزالة المعوقات

الإدارية والبيروقراطية ومكافحة الفساد وإقرار مبدأ العدالة والمساواة بين كافة المناطق ، والدفع بدور ومساهمة وتمكين المرأة في جميع مجالات العمل والحياة ، وسن وتطوير قوانين وأنظمة جديدة للتطوير الإداري والوظيفي واستخدام نظام الحوافز والمكافآت بغرض رفع مستوى الإنتاجية وتشجيع العاملين. التجارب التنموية المختلفة في العالم تؤكد بأن الخصخصة التي تبشر بها العولمة والبنوك الدولية ومنظمة التجارة العالمية ليست الحل الناجح لحل معضلات التنمية وعلينا الأخذ بعين الاعتبار النتائج المأساوية التي لحقت بالعديد من الدول والمجتمعات من خلال الأخذ بوصفات ونصائح وشروط القوى المهيمنة في نظام العولمة.

3 – منذ أحداث سبتمبر 2001م، شهدت السعودية حراكاً مطلبياً مستمراً ينادي بضرورة الإصلاح السياسي الشامل...ترى بعد عشر سنوات، ما هي نتائج ذلك الحراك المطلبي؟ وما هو موقف الحكومة منه؟ وبشكل عام كيف ترى مسيرة الإصلاح والدمقرطة في دول الخليج العربي؟.

* الحراك المطلبي في السعودية قديم ويعود إلى مطلع الخمسينات من القرن الماضي ويرتبط بالأساس بنشوء وتشكل الطبقة العاملة في المنطقة الشرقية حيث تتمركز صناعة استخراج النفط التي كانت تديرها شركة الزيت العربية/ الأمريكية (أرامكو)

والمكونة بالأساس من شركة ستاندر أويل أف كاليفورنا (شيفرون حالياً) وشركة تكساس (نكساكو حالياً) وذلك قبل عقود من نقل ملكيتها بالكامل للسعودية في عام 1980، والتي على إثرها تشكلت شركة الزيت العربية/ السعودية (أرامكو السعودية). مناطق النفط حفزت تشكل طبقي جديد متجاوز وعابر للهويات والإنتماءات الفئوية، وضم عمال منحدرين من مختلف المناطق والقبائل والمذاهب في السعودية.

منذ الخمسنات بدأت التشكيلات النقابية في الظهور وعبرت عنها اللجنة العمالية التي انتخبها العمال في مناطق إدارة وإنتاج وتصدير النفط، وتحديداً في مدن الظهران وبقيق ورأس تنورة. قادت اللجنة العمالية العديد من الإضرابات والأحتجاجات العمالية من أجل تحسين ظروف العمل الشاقة وورفع الأجور الزهيدة، ونيل شرعية العمل النقابي. وعلى إثر اعتقال أعضاء اللجنة العمالية أعلن الأضراب العام الذي اشترك فيه 20 ألف عامل في مناطق النفط مما اضطر السلطات إلى الإفراج عنهم. على أرضية الحركة العمالية تشكلت الحركات السياسية السرية التي كان عمادها العمال والمثقفين، وأشير هنا إلى تأسيس: **جبهة الإصلاح الوطني** (1956) التي تغير اسمها إلى: **جبهة التحرر الوطني** (1985) وهو تنظيم ماركسي الإتجاه، ناهيك عن تشكّل العديد من المنظمات القومية والوطنية في فترات لاحقة.

وأود هنا التركيز على دور جبهة التحرر الوطني باعتباري أحد المنتمين اليها منذ عام 1970 ، علماً بأن اسم الجبهة قد تغير في عام 1975 إلى مسمى **الحزب الشيوعي في السعودية** (الذي استمر في العمل السري حتى انتهى عملياً عام 1991) وقد قوبلت التسمية الجديد بمعارضة واسعة من قبل العديد من القيادات والكوارد والاعضاء ، وخصوصاً في الداخل ، وذلك من منطلقات وتحليلات تتعلق بضرورة فهم واستيعاب الظروف الموضوعية والذاتية للواقع العام في السعودية ، المتسم بالتخلف الشديد في بناءه السياسي والاقتصادي والاجتماعي والثقافي ، ناهيك عن هيمنة الدين والفكر الديني في منظومته الاجتماعية.

برنامج الفصيل الذي كنت أنتمي اليه وعبر تسمياته المتعددة كان إصلاحياً ومطلبياً بالدرجة الأولى ، حيث ركز في نضاله على ضرورة تحقيق إصلاحات عميقة وشاملة في أبعادها السياسية والاقتصادية والاجتماعية والتي من بينها سن دستور عصري للدولة يضمن الفصل بين السلطات الثلاث التنفيذية والتشريعية والقضائية ، ويؤكد على كفالة الحريات والحقوق العامة ، والخاصة بما في ذلك المشاركة الشعبية في صنع القرار عن طرق الانتخاب الحر والمباشر للمجلس التشريعي والمجالس المحلية والبلدية ، وإطلاق حرية تشكيل الأحزاب السياسية والمنظمات المهنية والنقابية ، والتأكيد على حقوق المرأة والفئات

المذهبية المهمشة في كافة المجالات وفقا لقيم المواطنة المتساوية في الحقوق والواجبات. نستطيع القول أنه لو أزلنا العنوان الفاقع للتسمية (الحزب الشيوعي) وبعض ما جاء في تحديد ما سمي بـ "**الأهداف النهائية**" فإن ما تضمنه البرنامج لا يزال محافظاً على جدته وراهنيته الحيوية حتى يومنا هذا. هنا لا بد من نظرة نقدية لما تضمنه البرنامج في حده الأعلى والتي كنا نراها، منذ ذلك الوقت، قفزاً على الواقع حيث جرى فرضه اتساقاً مع النهوض الثوري العام في العالم، وذلك وفقاً لتصور ميكانيكي جامد وغير جدلي لفهم علاقة العام بالخاص المتعين.

تلك التحركات السياسية والمطالبات الإصلاحية لم يجري تجاهلها فقط بل جرى قمعها ومحاصرتها على مدى عقود حيث تم اعتقال المئات واستشهد العشرات كما اضطر العشرات إلى العيش في المنفى، وهو ما ترك الساحة الداخلية تعيش في فراغ سياسي.

وعلى أثر انتصار الثورة الإيرانية في عام 1977 التي اختطفها الملالي ورجال الدين تحت عنوان: "**ولاية الفقيه**" رُفع شعار تصدير الثورة، وكان من تداعياتها انتعاش تشكيلات الإسلام السياسي (السنية والشيعية)، وضمن هذا السياق أطلقت السلطة السعودية (كرد فعل) العنان لما بات يعرف في السعودية بـ "**جماعات الصحوة**" بل ومكنتها من التحكم في مفاصل المجتمع، وقطاعات أساسية في الأجهزة الرسمية إلى أن بان

وتكشف خطرها المباشر الذي يستهدف نظام الحكم، وخصوصاً أثر تداعيات أحداث سبتمبر 2001 التي بينت اشتراك 15 سعودياً من أصل 19 فرداً فيها، وبداية العمليات الإرهابية التي انطلقت منذ عام 2003.

4 – ما هي أهم محطات الحراك الإصلاحي والمطلبي في السعودية في ضوء تداعيات احداث 11سبتمبر ؟

* شكلت البيانات المساندة للقضايا العربية والقومية بدايات الحراك المدني/ السلمي العلني في السعودية، حيث قامت عدة مظاهرات في عام 2002، تضامناً مع انتفاضة الشعب الفلسطيني الثانية، وخصوصاً في كل من الظهران أمام القنصلية الأمريكية وفي الدمام وصفوى والقطيف، وقد جرى على إثرها اعتقالات طالت بعض المتظاهرين من التوجهات الدينية واليسارية. كما صدرت عدة بيانات ذات الصلة بالتضامن القومي نذكر من بينها بيان استنكار انتهاك شارون للمسجد الأقصى في شهر أكتوبر عام 2000 ونشرته **جريدة الحياة**، ويمكن اعتباره أول بيان تضامني علني يصدر عن المثقفين والوطنين السعوديين في داخل المملكة وقد وقع عليه العشرات منهم.

كما صدر بيان تضامني مع انتفاضة الشعب الفلسطيني الثانية وذلك في مناسبة مرور أربعين يوماً على وفاة الرمز الوطني الكبير سيد علي العوامي الذي أمضى في المعتقلات أكثر من عشر

سنوات ، لمشاركته في الحركة الوطنية/ اليسارية ، وقد حضر تلك المناسبة المقامة عدد كبير من المثقفين والكتاب والشخصيات الوطنية وقد ناف عدد الموقعين على 150 شخص عشية الإعلان الأمريكي الحرب على العراق ، أرسل عدد كبير من الأكاديميين والمثقفين رسالة قوية الى الرئيس السابق جورج بوش تندد بخطط الغزو للعراق مما دفع بالسفير الأمريكي في الرياض بطلب لقاء عاجل مع الموقعين غير أنه جوبه بالرفض. أعقبه بيان صدر في 6/ 5 / 2003 تحت عنوان: "**معاً في خندق الشرفاء**" ، مركزاً على تعرية الأطماع الأمريكية في العراق وعموم المنطقة ، وخصوصاً تلك الهادفة إلى إعادة رسم خرائط دول المنطقة ومنها بلادنا.

خطاب: "**رؤية لحاضر الوطن ومستقبله**" الصادر في يناير 2003 وقع عليه 104 من كافة ألوان الطيف الثقافي في بلادنا حيث ضم إلى جانب اللبراليين والتقدميين ممثلي التيار الإسلامي (السني والشيعي) المعتدل. هذا الخطاب مثّل بحق انعطافة نوعية للحراك الإصلاحي في بلادنا حيث جرى على أثره لقاء عاجل من قبل بعض معدي الخطاب والملك عبد الله بن عبد العزيز (حين كان ولياً للعهد) ، بناء على طلبه ، وقد تقبّل الملك ما جاء في تلك المطالب الإصلاحية واعتبرها بمثابة وثيقة وطنية ، مما أثار جواً من التفاؤل والأمل بأن تولج بلادنا مرحلة جديدة في تطورها السياسي والاجتماعي.

وبعد مضي ستة أشهر على تقديم خطاب الرؤية وفي ضوء عدم صدور أي خطوة عملية أو رمزية رسمية للتعبير عن الالتزام بأجندة واضحة للإصلاح السياسي، وتزامناً مع بدايات تفجر العمليات الإرهابية لمنظمة القاعدة في بلادنا صدر بيان تحت عنوان: **"دفاعاً عن الوطن"** وقّع عليه أكثر من 350 من المثقفين والأكاديميين من الجنسين، وقد تضمن البيان على تحديد العوامل الحقيقية الكامنة وراء ظاهرة تفشي الإرهاب في بلادنا وتوصيفها بكونها ليست ظاهرة مستوردة من الخارج وفقا للرواية الرسمية، بل إنها في التحليل الأخير نتاج بيئة ثقافية واجتماعية محلية بامتياز، وبالتالي فإن مواجهتها تستدعي المبادرة إلى تبني برنامج للإصلاح الشامل، باعتباره الكفيل بتجفيف بيئة ومنابع الإرهاب.

هذا البيان كان بداية الفراق بين التيارين الليبرالي والديني المعتدل على صعيد البيانات المشتركة على أقل التقادير. وقد بادرت بعض الشخصيات الدينية والوطنية إلى إصدار: **"نداء الى القيادة .. نداء الى الشعب"** الذي وقع عليه 116 شخصاً من رجال الدين والأكاديميين والمحامين، وهو يعد واحداً من أهم اشكال التأصيل الشرعي والمدني للجانب الدستوري المنشود.

خطاب: **"معاً في طريق الإصلاح"** الصادر في نهاية فبراير 2004 مثّل ذروة التحرك الليبرالي، حيث فاق عدد الموقعين عليه

ألف شخص ، كما يعتبر آخر الخطابات والبيانات قبل انتكاسة وذبول ما سمي: "**ربيع السعودية**"، حيث جرى على أثره وبشكل مفاجئ اعتقال 11 من الناشطين الإصلاحيين (كنت من ضمنهم)، وقد أطلق سراح أغلبيتهم بعد أخذ التعهدات، في حين جرى محاكمة 3 أشخاص لرفضهم التوقيع على تعهدات بالكف عن إصدار خطابات للقيادة السياسية ، صدرت على أثرها أحكام قاسية بحقهم ، حيث حكم على الشاعر الكبير علي الدميني بتسع سنوات، والدكتور عبد الله الحامد بسبع سنوات، والدكتور متروك الفالح بخمس سنوات ، غير أنهم خرجوا من السجن بعد مضي عام ونصف بموجب عفو ملكي من قبل الملك عبد الله بن عبد العزيز اثر تسنمه الحكم في شهر أوغست 2005 .

لا يمكن هنا إغفال عدة خطابات من قبل بعض الفعاليات الشيعية التي ركزت على قضاياهم وهمومهم الخاصة ضمن إطار المطالب الوطنية العامة. فقد رفع شيعة المنطقة الشرقية في شهر نيسان / أبريل 2004 خطاباً تحت عنوان: "**شركاء في الوطن**"، وقّع عليه أكثر من 450 شخصاً من مختلف الشرائح الدينية والثقافية والاجتماعية ، كما رفعت الطائفة الإسماعيلية في نجران (جنوب المملكة) خطاباً آخر ، وقد وقع عليه المئات من الشخصيات.

غير إن ما رشح عن الحراك الإصلاحي وجملة المطالب المشروعة للمواطنين كان ضعيف الأثر وغير ملموس ، فالحديث عن الإصلاح من قبل الدولة لا يعني بالضرورة تحقيق الإصلاح. الإصلاح يحتاج إلى رؤية واضحة ، وأجندة عملية ومفصلية ، تطال القضايا الجوهرية المتعلقة بالجوانب السياسية والاقتصادية والاجتماعية والثقافية كافة ، وخصوصاً على صعيد ترسيخ قيم المواطنة وإشاعة الحريات العامة ، وتأكيد مبدأ المشاركة الشعبية في صنع القرار ومواجهة المشكلات المتفاقمة مثل البطالة والفقر والفساد ، إلى جانب كفالة حقوق المرآة في كافة مجالات العمل والحياة. ورفع جميع أشكال التمييز ضد الأقليات المذهبية وسن قانون يجرم دعوات التكفير للآخر المختلف وغيرها من المتطلبات.([2])

([2]) نجيب الخنيزي في حوار استثنائي مفتوح حول: الحراك الاجتماعي والثقافي والإصلاحي في السعودية – موقع مجلة العروة الوثقى الإليكترونية – الرابط:

http://alorwa.org/content.php?id=425

الشيعة في السعودية: من التهميش إلى الاحتواء

دبي، الإمارات العربية المتحدة (CNN)

تاريخياً، يعيش الشيعة على هامش النظام السياسي في المملكة العربية السعودية، وكرد فعل على هذه السياسة الرسمية، تبنوا مبدأ المواجهة مع نظام الحكم. إلا أن التسعينيات شهدت طوراً جديداً في العلاقة بين القوى الشيعية المعارضة والسلطة. فالسلطة تحاول أن تحتوي مطالبات الشيعة وتطلعاتهم، بينما يسعى الشيعة، سلمياً، لأن يحصلوا على مواطنيتهم الكاملة.

تمهيد

منذ تأسيس المملكة العربية السعودية عام 1932 والشيعة يعيشون على هامش النظام السياسي السعودي، ويخضعون لسياسات، تصفها بعض تقارير منظمات حقوق الإنسان، بأنها تمييزية. إلا أن انتصار الثورة الإسلامية في إيران عام 1979، شكّل لحظة فارقة في العلاقة بين الشيعة والنظام الحكم في السعودية. إذ ألهمت الثورة الإيرانية الشيعة السعوديين، وعززت توجهات الرفض لحكم آل سعود. وفي المقابل أوجد نجاح الثورة الإيرانية

مخاوف عميقة لدى النظام السعودي من ولاء الشيعة للجمهورية الإسلامية الإيرانية. وبعد أحداث نوفمبر/ تشرين الثاني 1979 ، التي وقعت فيها صدامات عنيفة مع قوات الأمن السعودية أسفرت عن عشرات القتلى والجرحى ومئات المعتقلين ، لاحق النظام الناشطين السياسيين الشيعة ، مما دفعهم إلى اللجوء إلى المنفى ، ومن ثم تنظيم حملة إعلامية وسياسية ضد نظام الحكم.

ويبدو أن المعارضة السياسية الشيعية أدركت في أواخر الثمانينيات أن مجابهة النظام لم تسفر عن نتائج ملموسة فيما يخص وضعهم (الشيعة) في المملكة. وفي الوقت نفسه ، أدرك النظام أنه لا مناص من احتواء المعارضة الشيعية. وهكذا توصل الطرفان إلى "صفقة" في عام 1993 ، إثر لقاء الملك الراحل فهد بن عبد العزيز بأربعة من قيادات الشيعة في المملكة ؛ فمقابل إيقاف المعارضة الشيعية نشاطها في الخارج ، سمحت الحكومة السعودية بعودة المئات من المنفى ، وأطلقت المعتقلين السياسيين الشيعة ، وأعادت الجوازات المحجوزة إلى أصحابها ، وسمحت بسفر الممنوعين من السفر ، فضلاً عن تعهدها بمعالجة التمييز الطائفي.

ويمكن القول إن الشيعة في السعودية قد اتبعوا منذ التسعينيات مساراً جديداً ، بتوجيه من حركة **الإصلاح الإسلامية الشيعية** ، أبرز القوى الشيعية ، يتمثل في التصالح مع النظام

ومهادنته ، والتركيز على تعزيز مواطنية الشيعة في الدولة ، والنضال بالطرق السلمية والسياسية من أجل الحصول على حقوقهم ، مثل مواطنيهم الآخرين ، والمساهمة في تعزيز التحول الديمقراطي والإصلاح في البلد.

الوضع الديمغرافي / الديني

لا توجد إحصاءات رسمية عن عدد الشيعة في السعودية.. فتقرير: "المسألة الشيعية في المملكة العربية السعودية"، الصادر عن المجموعة الدولية لمعالجة الأزمات (ICG) في بروكسل عام 2005 ، يقدر عددهم بمليوني نسمة تقريباً ، يمثلون نسبة 10 – 15 في المائة من إجمالي السكان (الذي بلغ في عام 2004 نحو 22 مليون و670 ألف نسمة ، يشكل المواطنون منهم 16 مليون و530 ألف نسمة تقريباً).

ويتركز الشيعة في المنطقة الشرقية من المملكة ، الغنية بالنفط ، ويشكلون أغلبية السكان في هذه المنطقة ، ولاسيما في القطيف والأحساء. كما تعيش أقلية شيعية في مناطق أخرى ؛ مثل المدينة المنورة ، بالإضافة إلى الشيعة الإسماعيليين من أبناء قبيلة "يام" في منطقة نجران ، في الجنوب ، الذين تتفاوت التقديرات في عددهم. فبينما يقدرهم تقرير المجموعة الدولية لمعالجة الأزمات بنحو 100 ألف ، نجد أن تقرير: "الحرية الدينية

في العالم" لعام 2006، والصادر عن وزارة الخارجية الأمريكية، يقدر عددهم بنحو 700 ألف.

كما ينتشر الشيعة الزيديون في مناطق عدة في الجنوب (عسير وجيزان ونجران) والغرب (جدة وينبع)، ولا توجد تقديرات لعددهم. ويغلب على شيعة السعودية، وخصوصاً في المنطقة الشرقية، المذهب الإمامي، الذين يؤمنون بأئمة الشيعة الإثنى عشر. ويرجع شيعة المملكة إلى أصول وجذور عربية، ويعود تاريخ وجودهم في شرق الجزيرة العربية إلى أواخر القرن الثالث الهجري، حين أقام القرامطة (وهم من الشيعة الإسماعيلية) في هذه المنطقة دولتهم. ومنذ ذلك التاريخ وحتى تأسيس الدولة السعودية الحديثة، مثلت هذه المنطقة مركزاً شيعياً روحياً مهماً، فكانت القطيف تسمى: "النجف الصغرى" لكثرة الحوزات العلمية فيها.

ولا يتبع شيعة الإمامية في السعودية، مرجعية دينية واحدة؛ فمنهم من يقلد آية الله علي خامنئي، المرشد الأعلى للجمهورية الإسلامية الإيرانية، ومنهم من يقلد آية الله علي السيستاني في العراق، ومنهم من يقلد آية الله صادق الشيرازي في قم، أو آية الله محمد تقي المدرسي في كربلاء، أو آية الله محمد حسن فضل الله في لبنان. وعلى العموم، يغلب على شيعة السعودية التوجه الإسلامي المحافظ.

ومن مساجد الشيعة في المملكة ، مسجد الإمام الحسين بصفوى ، ومساجد الأئمة علي والعباس والحسن في القطيف. ومن حسينياتهم (وهي أماكن تقام فيها مراسم قراءة السير الحسينية ، والاحتفالات الدينية ، ومآتم الوفيات) ، حسينية الإمام المنتظر بسيهات ، والزهراء في القطيف ، والإمام زين العابدين في المدينة المنورة. وللشيعة محكمة خاصة بهم تسمى "**محكمة الأوقاف والوصايا**" ، وتتبع وزارة العدل.

الواقع السياسي / الاجتماعي

بينما لا توجد منظمات أو تجمعات سياسية قانونية للشيعة ، توجد لهم شبكات غير رسمية. ويعد أغلب الناشطين الشيعة إسلاميين ، ويتبعون المرجعية الدينية ، وقد برز في الآونة الأخيرة عدد من الناشطين العلمانيين. ومن أبرز الجماعات السياسية الشيعية: **حركة الإصلاح الإسلامية الشيعية** ، والتي يعد الشيخ حسن الصفار من أبرز زعمائها ، وقد حصد مرشحو الحركة ، غير الرسميين ، مقاعد المجالس البلدية للمدن والبلدات التي يغلب عليها الشيعة في الانتخابات المحلية التي جرت عام 2005.

ومن التنظيمات الشيعية الأخرى ، جماعة حزب الله / الحجاز ، المعروفة محلياً باسم أنصار خط الإمام (الخميني) ، والتي تأسست في العام 1987 ، على يد عدد من رجال الدين. إلا أن مراقبين يلحظون أن وجودها آخذ في الانحسار بالمجتمع الشيعي

السعودي ، علماً بأن هذه الجماعة تؤمن بولاية الفقيه ، كما تتبع بمرجعيتها الدينية لآية الله علي خامنئي ، المرشد الأعلى للجمهورية الإسلامية الإيرانية ؛ وهي متهمة بأنها كانت وراء التفجير الذي استهدف عام 1996، مقر سكن الجنود الأمريكيين في مدينة الخُبر السعودية.

ويشتكي شيعة السعودية من معاملتم بوصفهم مواطنين من الدرجة الثانية ، ويشيرون إلى التمييز الطائفي والمذهبي الذي يمارس ضدهم ، وعدم مساواتهم ببقية المواطنين الآخرين ، وعدم تمثيلهم في المناصب العليا للبلاد ، كمجلس الوزراء (لم يتول أي شيعي حقيبة وزارية في تاريخ المملكة) ، ووكلاء الوزارات ، والحقل الدبلوماسي ، والأجهزة العسكرية والأمنية ، وقلة نسبة مشاركتهم في مجلس الشوري (4 من أصل 150 عضواً)، فضلاً عن العسف الذي يلاقونه على يد الأجهزة الأمنية ، بحسب تقارير.

كما يدعي الشيعة أيضاً بأنهم يعانون من الشحن المذهبي الذي يمارس ضدهم من المؤسسات الدينية الرسمية ؛ كالمحاكم الشرعية ، وهيئة الأمر بالمعروف والنهي عن المنكر ، ومراكز الدعوة والإرشاد ؛ وفتاوى التكفير ، الصادرة عن الزعامات الدينية الرسمية وغير الرسمية ، والكتب التي تطبع وتوزع داخل البلاد ، والتي تعتبرهم كفاراً ، بالإضافة إلى مناهج التعليم الديني في المدارس والجامعات التي يتكرر فيها وصفهم بالكفر والابتداع.

ويعاني المواطنون الشيعة الضغوط والمضايقات في أداء شعائرهم الدينية ، حيث يمنع عليهم بناء المساجد والحسينيات إلا بصعوبة بالغة ، رغم وجود أكثر من 37850 مسجداً سنياً قامت الحكومة ببناء معظمها (بحسب تقرير "**الحرية الدينية للمواطنين في السعودية**" الصادر عن المعهد السعودي بواشنطن عام 2004).

ولا يتمتع الشيعة بالسعودية أيضاً بأي حرية على المستوى الثقافي ، حيث تمنع طباعة كتبهم ودخولها من الخارج ، وإقامة أي مؤسسة ثقافية أو مركز ديني. كما أنهم محرومون من الحق في إنشاء معاهد وكليات دينية للتعليم حسب المذهب الشيعي.

وفي خطوة فسرها بعض المراقبين بأنها نتيجة لتأثر شيعة السعودية بتنامي نفوذ إخوانهم في العراق ، قام 450 ناشطاً شيعياً ، في 31 إبريل/ نيسان 2003 ، برفع عريضة باسم: "**شركاء في الوطن**" ، إلى الأمير عبد الله بن عبد العزيز آل سعود (ولي العهد آنذاك) ، والتي شددت على انتماء الشيعة للوطن السعودي. كما دعت العريضة إلى ضرورة تحقيق المواطنة الكاملة ، والاعتراف بحقوق الشيعة على قدم المساواة مع أبناء الوطن الواحد ، وإنهاء كل أشكال الكراهية والبغضاء والتحريض المذهبي الذي يمارس ضدهم. ويقر زعماء الشيعة أنه بمجيئ الملك عبد الله بن عبد العزيز إلى الحكم ، حصل انفتاح أوسع عليهم من قبل

النظام. إلا أنهم يلمحون أن ثمة تياراً في الأسرة الحاكمة ، والمؤسسة الدينية الوهابية ، يقفان عائقاً أمام مزيد من الانفتاح عليهم.

وقد شارك الشيعة بفاعلية في الانتخابات البلدية التي جرت في مارس/ آذار 2005 ، والتي حصلوا فيها على 11 مقعداً، من أصل 12 مقعداً، مخصصة لمنطقة القطيف والأحساء. وكانت نسبة التصويت في المنطقة الشرقية ذات الأغلبية الشيعة ، عالية ، إذ تراوحت ما بين 70 و75 في المائة.

الحال الاقتصادي

تشير تقارير إلى أن الشيعة بالسعودية يعانون التمييز في الوظائف العامة. ورغم أن قطاعاً من شيعة المنطقة الشرقية يعملون في شركة أرامكو السعودية الحكومية ، إلا أنهم يشيرون إلى حرمانهم من الترقي إلى الوظائف العليا في الشركة.

ويرى مراقبون أنه "نتيجة لسياسة التمييز الحكومية" فالتجمعات الشيعية تعاني من الفقر وأوضاع معيشية صعبة. ويتهم الشيعة الحكومة بأنها تعمدت إهمال مناطقهم على مدى عقود من الزمن، فالبنية التحتية فيها والخدمات الصحية والتعليمية وغيرها تعد متدنية. كما يدعون بأنهم حرموا من الاستفادة من العوائد النفطية، التي تنبع من مناطقهم، مثلما استفادت منها مناطق البلاد الأخرى. وتجدر الإشارة إلى أن الشيعة

يمتلكون جمعيات خيرية تتلقى الدعم من وزارة العمل والشؤون الاجتماعية السعودية ، مثل جمعيات العمران والبطالية والمواساة ، بالأحساء.

أبرز الشخصيات الشيعية العامة

يعد الشيخ حسن الصفار ، من أبرز علماء الشيعة ، بعد وفاة آية الله العظمى الشيخ محمد الهاجري. والشيخ الصفار من القطيف ، وكان من الناشطين السياسيين في السبعينيات ، حين تزعم منظمة الثورة الإسلامية في الجزيرة العربية ، إلى أن التجأ عام 1980 إلى إيران ، ومن ثم إلى دمشق ، وعاد في عام 1995 إلى المملكة العربية السعودية.

وكذلك جعفر الشايب ، وهو رجل أعمال إسلامي التوجه ، فاز أخيراً بعضوية المجلس البلدي للقطيف ، وكان أحد الأربعة الذين اجتمعوا بالملك فهد عام 1993.

ومن رموز الشيعة أيضاً نجيب الخنيزي ، كاتب ليبرالي من القطيف ، وهو من الذين وقعوا على العريضة التي تحمل عنوان: "رؤية في حاضر ومستقبل الوطن" في يناير/ كانون الثاني 2003 ، وقد اعتقل في مارس/ آذار 2004 ، وأطلق سراحه بعدئذ.

وتوفيق السيف ، الذي يعد من أنصار **الحركة الإصلاحية**
الشيعية ، وهو مقيم في لندن ، وكان ممن شارك في لقاء عام
1993.([3])

([3]) الشيعة في السعودية: من التهميش إلى الاحتواء – تقرير إخباري – الموقع
الإليكتروني العربي لقناة سي إن إن – 7/ 4/ 2007 – الرابط :

http://arabic.cnn.com/2007/middle_east/3/8/shiite-
saudi/index.html

تصريحات خامنئي.. قناعة راسخة.. أم تقية وتكتيك سياسي؟!

تحقيق: مصطفى أبو عمشة

بعد تصريحات المرشد الأعلى للثورة الإسلامية في إيران علي خامنئي والذي أكدّ فيها تحريم الإساءة إلى زوجة النبي صلى الله عليه وسلم السيد عائشة ، أو النيل من الرموز الإسلامية لأهل السنة والجماعة ، خرجت أصوات متباينة ، بعضها مؤيد لهذه التصريحات ، والبعض الآخر مشكك فيها ، فالفريق الأول عبر عن ارتياحه لها واعتبرها أنّها من الممكن أن تسهم في سد الفجوة أو الثغرة بين كلا الطرفين ، أما الفريق الثاني فقد عبّر عن تشكيكه في هذه التصريحات مؤكدين أنّها لا تعدو أن تكون دعاية لتهدئة الرأي العام الذي أعقب تصريحات ياسر الحبيب أحد مرجعيات الشيعة الذي يعيش في لندن ، فهل ما قاله خامنئي قناعة راسخة.. أم مجرد محاولة للالتفاف على ردود الأفعال؟ هذا ما نحاول البحث عن إجابة له من خلال استشراف آراء بعض المفكرين والعلماء من كلا الطرفين:

أيادٍ خارجية

بداية يشير الكاتب والناشط السياسي نجيب الخنيزي إلى بعض الكتابات الشيعية القديمة أو الحديثة إزاء قضايا ثقافية ذات منشأ تاريخي قديم في مرحلة ما بعد وفاة الرسول الأعظم صلى الله عليه وسلم ، ويقول: هذه الأحداث هناك مجال للاختلاف في تقييمها وفقًا لظرف بيئتها وتاريخها ، أما الإساءة لزوجات صلى الله عليه وسلم كما صدر مؤخرًا فهي مرفوضة ، ولا ينبغي أن ننسى أنّ الإمام علي رضي الله عنه كان يكرم السيدة عائشة ويجلها وقد أرسلها معزّزة مكرّمة إلى المدينة لأنها زوجة الرسول صلى الله عليه وسلم.

ويستذكر الخنيزي إزاء تلك الأحداث ما قاله جمال الدين الأفغاني الذي لم يميز في نظريته للإسلام ما بين المذاهب حيث كان يقول: "إن إثارة قضية الخلافة بعد وفاة النبي صلى الله عليه وسلم أمر يضر المسلمين في الوقت الحاضر ولا ينفعهم". ويتساءل عن ذلك قائلًا: "لو أن أهل السنة وافقوا الشيعة الآن على أحقية علي بالخلافة فهل يستفيد الشيعة من ذلك شيئًا؟ ولو أن الشيعة وافقوا أهل السنة على أحقية أبي بكر فهل ينتفع أهل السنة؟".

ويؤكد الخنيزي أنّه من الأجدى على كلا الطرفين الترفع عن كل ما يمكن أن يخلق بينهم حالة من الاحتقان في ظل هذه

التغيرات الإقليمية ، لأن الأمة أحوج ما تكون إلى الوحدة والحث عن المشتركات الجامعة والقضايا التوافقية.

ويعتقد الخنيزي أنّ تصريحات خامنئي تعدّ بمثابة انعكاس للناحية الدينية والسياسية لأنّه يمثل أعلى سلطة دينية ودنيوية لدى الشيعة ، ويقول: من غير الممكن أن نرى مثل هذه التصريحات لدى الشخصيات الهامشية الشيعية مثل التصريحات التي أدلى بها ياسر الحبيب ، والتي ضخّمت من قبل الآلة الإعلامية بقصد إحداث صراع سياسي وافتعال فتنة بين الطرفين ، فهناك قوى متطرفة بين الطرفين ، وأطراف إقليمية كإسرائيل ، وأطرف دولية لا تريد للمجتمع الإسلامي والعربي التماسك من الداخل.

فتوى مرفوضة

ومن جهته يقول الباحث والمفكر في الشؤون الإسلامية حسين المصطفى: هناك مع الأسف من يقوم بتوجّيه الإهانة إلى بعض زوجات النبي صلى الله عليه وسلم ، واللائي قال فيهن الله عز وجل: "**النَّبِيُّ أَوْلَى بِالْمُؤْمِنِينَ مِنْ أَنْفُسِهِمْ وَأَزْواجُهُ أُمَّهَاتُهُمْ**" ، وذلك من حيث حرمة نكاحهن من بعده وضرورة تعظيمهن ، حتى قال أحد علمائنا وهو الفقيه المحقق السيد محمد بحر العلوم: "**أنّ للأم إطلاقات ثلاثة: أمهات النسب، وأمهات الرضاع، وأمهات التبجيل والعظمة، وهن زوجات النبي صلى الله عليه وسلم**

وأمهات المؤمنين؛ فمن هذا المنطلق لا يجوز سب أمهات المؤمنين، بل لا بد من إكرامهن إكرامًا لرسول الله صلى الله عليه وسلم".

ويؤكد المصطفى أنّ أي فتوى تصدر لا بد أن تراعي في ظاهرها ما اتفق عليها المسلمون ، ويقول: المرفوض من الفتاوى التي تكون بدواعٍ سياسية أو موهومة لا نستطيع الرد عليه ، فهذا النوع من الفتاوى يكون انعكاسًا للغلاة من كلا الطرفين ، فلا يمكن القبول بالفتوى الأخيرة التي تم إصدارها من ياسر الحبيب لأنّ الإمام علي رضي الله عنه أكدّ حرمة عائشة رضي الله عنها ووصفها وخاطبها بالقول: "**إنّ لك حرمتك الأولى**"، فهي من زوجات النبي صلى الله عليه وسلم ومن أمهات المؤمنين. والحمد لله فقد رأينا كيف انبرى العلماء من كلا الطرفين ، وتصدوا لهذه التصريحات وهذا دليل على الوحدة بينهما.

رفض الإساءة بإطلاق

من جانب آخر يثمّن الشيخ محمد الصفار المفكر الإسلامي دور الصحافة السعودية المحلية في إبرازها لردود الفعل الشيعي المستنكرة والرافضة للتعدي على زوج الرسول صلى الله عليه وآله وصحبه وسلم التي بادر الوسط الشيعي – سواء من داخل المملكة أو خارجها – من علماء ورموز دينية وثقافية لإدانتها ، ويقول: هذا التصرف الحميد من الصحافة ساهم في توضيح موقف

الرأي العام الشيعي من زوجات الرسول دون استثناء ، كما ساهم في تخفيف الاحتقان بين عامة الناس لما رأوه من رفض شيعي لتلك التفاهات التي مست الرسول الأكرم ، وأؤكد أنّ كل الأديان والمذاهب والتوجهات الدينية والفكرية يوجد فيها العاقل والأحمق ، ولا يمكن لأحد أن يستثني دينه أو مذهبه من وجود الحمقى.

وأضاف الصفار: ما تفضل به خامنئي لا شك أنه من صميم المذهب الشيعي ، فهو في موقع الفقيه المؤتمن على حفظ المذهب ورعايته وسلامته ، وهذا الموقع لا يسمح له بالمجاملة والمحاباة وتقديم السياسي على الديني ، لأن ذلك قد يؤدي لانحرافات خطيرة بين أبناء وأتباع المذهب الشيعي ، وهذا ما لا يحتمل السيد خامنئي ولا غيره تحمل وزره.

وحول مدى قبول هذه التصريحات من قبل السنة يرى الصفار أنّ أغلب السنة وكل عقلائهم سينظرون إلى تصريحات خامنئي بايجابية كبيرة ، وسيفرقون بين عالم كبير كالسيد خامنئي والشيرازي الذي صرح يوم الأحد السابق قائلًا: "إننا لا نرتضي توجيه الإساءة إلى زوجات النبي، فهذه الإساءة موجهة للنبي الأكرم نفسه"، إضافة إلى غيرهما من علماء الشيعة وحفظة المذهب الذين بينوا مثل هذا الأمر ، كما أنّهم لن يرجحوا آراء مغمورين ومجهولين على منطق أعلام مشهورين ومعروفين ، ولن

يؤاخذوا أمة بجريرة تصرف مسيء يصدر من هذا وذاك ، كما أن الشيعة غضوا الطرف سابقًا عن بعض التوجهات المتطرفة من السنة والذين تعجبهم المعارك الطاحنة ، ويرون أنفسهم وحضورهم من خلالها ، ويسعون لتصفية حساباتهم مع دعاة التعايش (من السنة والشيعة) ، وتوسيع الفجوة بين الطرفين.

ويختم الصفار بالقول: كل من يريد كرامة الرسول صلى الله عليه وعلى آله وصحبه وسلم وزوجاته ، أن يبث الطمأنينة ويساهم في وضع الحلول ، وينصف في كلامه ومواقفه ، لا أن يشعل النار كلما خمدت وكأن له في أوارها مآرب.

أفعال لا أقوال

وبدوره يرى الأستاذ بقسم الدراسات الإسلامية بجامعة الملك عبد العزيز بجدة الدكتور محمد موسى الشريف أنّ التصريحات التي أدلى بها خامنئي جيدة ، لكنه يتساءل: أين ترجمة هذه التصريحات إلى أفعال ملموسة ، ومع أنها تمثّل عقلاءهم وتصب في التهدئة ، وكأنّهم فريقان فريق يأجج ، وفريق يهدأ ، وهو عبارة عن خطة مدروسة يتبادل فيها الطرفان الأدوار. الساسة في إيران يرجعون جميعًا إلى مرجعياتهم الدينية ، وعلى رأسهم المرشد الأعلى للثورة الإيرانية علي خامنئي ، فهو المرجعية الأولى ، ولا شك أنّ لديهم مرجعيات سياسية يأخذون بها ، ولكن

الأصل هو مرجعياتهم الدينية وهو ما يسمى عندهم **"ولاية الفقيه"**.

وينفي الشريف أنّ تكون تصريحات الحبيب الأخيرة قد تمّ تضخيمها لأنّه يعد أحد مراجع الشيعة ، حتى لو كان مجرمًا هاربًا من الكويت ، ويقول: الحبيب في النهاية تحدث باسم الطائفة الشيعية بشكل ظاهر وواضح ، مثل هذا الأمر لا بد أن يوقف عند حده ، وهذا ما دفع السنة إلى التحرك ضد هذه التصريحات ، لأن المشكلة أكبر من مجرد تصريحات فهي تعدّ من صميم مذهبهم الشيعي. فعندما يأتي إنسان يفحش ويشتم أبي فإنني حتمًا سأتحرك ، فما بالك عندما تكون شخصية كمثل عائشة إحدى زوجات النبي صلى الله عليه وسلم ومن أمهات المؤمنين؟ حتمًا سأتحرك ضد هذا الشخص ، فإن كان الشيعة صادقون في ما يقولونه من تنديد بهذه التصريحات فليذكروا تراجعهم عن هذا ، وأكرر أنّ هذا التصريح الذي أدلى خامنئي به جيد وأتمنى أن يقبلوا ويعملوا به.

طعن في الدين

وفي السياق ذاته يؤكد الكاتب والباحث الإسلامي محمد أسعد بيوض التميمي أنه من صحيح المذهب الشيعي تكفير الصحابة ولعنهم وفي مقدمتهم أبو بكر وعمر ، ولعن أمهات المؤمنين وفي مقدمتهن عائشة بنت أبي بكر رضي الله عنهم

أجمعين ، ويقول: عندما يُكفر هؤلاء الصحابة الذين نقلوا لنا الإسلام فهم يطعنون في القرآن والسُنة ، فالطعن بالناقل طعن بالمنقول وهذا هدفهم ، لذلك أراد خامنئي بتصريحه تهدئة الغضب المتفاقم في العالم الإسلامي على الشيعة. أؤكد أن الغرض من هذه التصريحات دعائي لامتصاص غضب المسلمين السنة بعد أن انكشف أمر الشيعة وانكشفت حقيقتهم ، لذلك جاءت التصريحات متأخرة ولم تكن فورية ، وهو لم يترض على عائشة ولا على أمهات المؤمنين ، بل قال لا يجوز أن نتعرض لأمهات المؤمنين ورموز أهل السنة.

ويتابع التميمي حديثه بالقول: "أتحدى مراجع الشيعة أن يترضوا عن صحابة رسول الله صلى الله عليه وسلم وفي مقدمتهم أبي بكر وعمر وعثمان وعن أمهات المؤمنين وفي مقدمتهن عائشة بنت أبي بكر الصديق وحفصة بنت عمر بن الخطاب رضي الله عنهم أجمعين ولو من باب التقية، فهم لا يمكن أن يترضوا عنهم بل يسعون إلى نبش قبري أبي بكر وعمر رضي الله عنهما وهذا التفكير من أصول عقيدتهم".

ويستغرب التميمي ممن يقولون إنّ تصريحات الحبيب جرى تضخيمها من قبل أطراف سياسية ويقول: هل هناك جريمة أضخم وأكبر من الطعن في عرض الرسول صلى الله عليه وسلم وفي عرض أمهات المؤمنين وفي مقدمتهم عائشة رضي الله عنها؟

شخصيًا أرى أن ردود الفعل لم تكن بالمستوى المطلوب ، ومن يقول إن هذه التصريحات جرى تضخيمها سياسيًا إنما هو مع هذه التصريحات ومدافع عن الشيعة ويريد أن يُجهض ردة الفعل عند المسلمين.

رفض شيعي

وفي الطرف المقابل يرى الباحث المتخصص في الشؤون الإسلامية ومدير مركز **رؤية للدراسات السياسية** مروان شحادة أنه وعلى ما يبدو فإن الفتاوى التي تصدر عن المرجعيات الشيعية الدينية تتفق جميعًا على حرمة سب الصحابة ، وحرمة الطعن في السيدة عائشة رضي الله عنها وعن جميع أمهات المؤمنين ، ويقول: واضح جليًا أن الإساءات التي تبرز في الوسط الشيعي تصدر عن شخصيات هامشية ، لا يعدو أن نطلق عليهم خطباء دروس في المساجد ، تعكس مدى التخلف والحقد الدفين لدى فئة منحرفة الاعتقاد والغلو في الأفكار والممارسات الخاطئة التي تخرج من الملة في كثير من الأحيان. ويستدرك شحادة قائلًا: من المحتمل أن تكون الفتاوى التي صدرت عن المرشد الأعلى للثورة الإيرانية علي خامنئي سياسية في الوقت الذي تزداد فيه الضغوطات الدولية على إيران وقياداتها ، محاولة منه في تخفيف الاحتقان الطائفي في المنطقة.

ويستعرض شحادة العديد من الفتاوى والآراء المتعلقة بمسألة سب الصحابة والطعن في السيدة عائشة لدى بعض المرجعيات الشيعية المعروفة والتي تحظى بتأييد شعبي في الأوساط الشيعية بالعديد من البلدان، مؤكدًا أنّ الفتوى التي صدرت من خامنئي تحرّم الإساءة لأي من صحابة رسول الله وبخاصة لزوجاته، ومن بينهن السيدة عائشة رضي الله عنها. ويقول: هذه الفتوى التي أكدت فتوى سابقة للإمام الخميني حول تحريم الإساءة للصحابة تأتي في سياق عدد من فتاوى واضحة لمراجع الشيعة، حول هذه القضية.

ويستشهد شحادة بفتوى أخرى في نفس السياق من أبرزها وأهمها فتوى المرجع الشيعي السيد محمد حسين فضل الله بتحريم الإساءة إلى صحابة رسول الله ولزوجاته رضي الله عنهن جميعًا، وهي الفتوى التي أكدها مؤخرًا ردًا على واقعة الإساءة للسيدة عائشة رضي الله عنها، ويقول: لم يتوقف فضل الله عند حدود استنكار الإساءة التي وُجهت للسيدة عائشة، بل ذهب إلى ما هو أبعد عندما دعا إلى قطع الطريق على الفتنة المذهبية ودعا وطالب المرجعيات الإسلامية والشيعية، التي تسعى لتأكيد الوحدة الإسلامية بين المسلمين، أن يتحرّكوا في إطار حمل المسؤولية، لقطع الطريق على أي حديث أو محاولةٍ لإثارة الفتن، وألا يكتفوا بالحديث.

ويختم شحادة حديثه بالثناء على موقف علماء الشيعة في السعودية وعلى رأسهم حسن الصفار، وكذلك موقف علماء ومراجع الشيعة حول أنحاء العالم من قضية الإساءة للسيدة عائشة، ولسائر الصحابة، منوهًا على أنّهم تصدوا جميعًا لمحاولة إثارة الفتنة بين المسلمين من خلال الإساءة للسيدة عائشة أم المؤمنين عليها السلام.

يؤكد الدكتور توفيق السيف المفكر الإسلامي إنّ التصريحات التي أدلى بها خامنئي تؤكد وجود تيارات مختلفة داخل أتباع المذهب الشيعي، ويقول: هذه التصريحات تعكس اتجاهين شيعيين مختلفين؛ اتجاه تقوده أقلية تميل إلى التشدد وتكفير الآخرين، وفي داخل هذه الأقلية هنالك أشخاص لديهم ميول تكفيرية وطموحات يعملون من خلالها على الاتجار بالدين ولديهم ميلٌ شديدٌ للصراع مع الآخرين. أما الاتجاه الثاني وهم الغالبية والذين يرفضون المساس بمقدسات ورموز المسلمين، فهم أكثرية وهذا البيان لم يأت منفردًا، فقد سبق لمرجعيات شيعية أخرى أن أصدرت بيانات مماثلة تندد بهذه الأفعال مثل البيان الذي أصدره آية الله الشيرازي، وآية الله السيستاني، فالمراجع الشيعية بشكل عام ضد المساس بمقدسات المسلمين ورموزهم، ويرفضون هذه الأفعال رفضًا قاطعًا.

ويشير السيف إلى أنّ تصريحات خامنئي تأخذ سبغة دينية وليس سياسية ، ويقول: لو كانت سياسية لصدرت عن رجل سياسي وليس عن مرجعية دينية. أما ياسر الحبيب فهو شخصية تافهة وصغير السن ولم يدرس في أي حوزة علمية ، إضافة إلى أنّه بذيء اللسان ، وسبق له تكفير مرجعيات شيعية مثل آية الله فضل الله ، وآية الله الصنعاني ، وكذلك حسن الصفار برأيه كافر أيضًا. ويرى السيف أنّ تصريحات الحبيب جرى العمل على تضخيمها على الرغم من أنّ الرجل لا يستحق ذلك ، وقال: هناك جهات سياسية سعت لاستغلال تصريحاته وتضخيمها في الكويت ، حيث يوجد صراع سياسي كبير ليس له علاقة بالدين ويتمثّل في مجلس الأمة ، فأحد هذه الأطراف عملت على تبني الموضوع كعنصر صراع في مجلس الأمة.

يوضح الباحث والمفكر الإسلامي سليمان الخراشي أنّ من يعرف مبدأ "**التقية**" الذي يدين به الشيعة ، والذي يعدونه من أصول مذهبهم ، يعلم – يقينًا – أن مثل هذا التصريحات تتبع هذا المبدأ ، ويقول: الدليل على ذلك أن خامنئي لو كان صادقًا في تصريحاته لطالب قومه الشيعة بإحراق الإساءات الموجهة للصحابة وأمهات المؤمنين رضي الله عنهم من بطون أمهات كتبهم كافة ، التي لا تزال تُطبع وتُوزع إلى اليوم في إيران وغيرها ، وهي لا تختلف عما تفوه به الحبيب ، كما أن فتواه كما نلاحظ

خلت تمامًا من التنويه بتزكية القرآن لأمّ المؤمنين عائشة ووجوب الترضي عنها والثناء عليها كما أثنى القرآن، حيث نصَّ تصريح خامنئي على تحريم: **"اتهام زوجة النبي صلى الله عليه وسلم بما يخلّ بشرفها"** ولهذا وضع هذا الوصف: (زوجات الرسل) وكأنّه يبيح النيل منهن في غير الشرف!

ويرى الخراشي أنّ خامنئي يهدف من وراء هذه الفتوى إلى تخفيف الانتقادات التي يتعرض لها الشيعة على خلفية هذه الإساءة لأم المؤمنين عائشة رضي الله عنها، ويقول: هذه الفتوى جاءت بسبب تحوُّل الكثير من الشيعة للمذهب السني بعد أن شاهدوا بأعينهم أحد المنتسبين للمذهب الشيعي، وممن يشار إليه على أنه أحد علمائهم، وهو يقع في عرض النبي صلى الله عليه وسلم، ويرمي أم المؤمنين عائشة رضي الله عنها بالبهتان والأكاذيب؛ الأمر الذي رفضته فطرهم السليمة فأسرعوا إلى الانتساب لمذهب أهل السنة والجماعة.

ويؤكد الخراشي أنّ من يعرفون عقيدة الشيعة من أهل السنة لم يقبلوا هذه الفتوى، لأنّهم ــ كما سبق ــ يعلمون أنها مجرد مناورة، أما من لا يزال يفكر في التقريب بين المذاهب الإسلامية فقد هللوا لها وكبّروا، والعجيب أنهم في المقابل وللأسف لاذوا بالصمت تجاه طعونات القوم بعائشة رضي الله عنهم. أما تصريحات المدعو الحبيب فلم يتم تضخيمها من قبل

وسائل الإعلام أو أهل السنة ، فجرمه يستحق ردود فعل أضخم
مما حدث.([4])

([4]) تصريحات خامنئي.. قناعة راسخة.. أم تقية وتكتيك سياسي؟! ــ تحقيق:

مصطفى أبو عمشة ــ جريدة المدينة السعودية ــ 15/ 10/ 2010 ــ الرابط:

http://www.al-madina.com/node/268882?risala

نقد التجربة الإصلاحية: البيانات الإصلاحية في السعودية

ايمان القويفلي

* "رؤيتكم رؤيتي، ومشروعكم مشروعي".

الملك عبد الله (ولي العهد وقتذاك)، مخاطباً د. عبد الله الحامد، د. متروك الفالح، علي الدميني، وإصلاحيين آخرين من موقّعي عريضة: "رؤية لحاضر الوطن ومستقبله"، عندما استقبلهم إثر نشر العريضة عام 2003م — كتاب: "السجين 32" — صـ 327.

جاء في لائحة الدعوى التي حركتها **هيئة التحقيق والادعاء العام** في أغسطس 2004م ضد كلّ من: عبد الله الحامد، علي الدميني، متروك الفالح، ما يلي: "**وباستجوابهم كان مما أفاد به المدّعى عليه الأول (الحامد) قيامه بالمشاركة في إعداد وتبني إصدار بيانات وعرائض وقيامه بالسعي لجمع تواقيع عدد من المواطنين عليها، وأن فكرة إعداد خطاب (رؤية لحاضر....) بدأت أثناء لقاء في مملكة البحرين حيث جرى نقاش بين عدد من الأطياف الثقافية منها إسلامية وليبرالية وعلمانية واتفق**

بينهم على أسسه وشارك هو في إعداده"، "وانتهى التحقيق إلى توجيه الاتهام لهم: بالضلوع في المشاركة في تبني إصدار العرائض المشار إليها (من بينها عريضة الرؤية) وتزعم الموقعين عليها وحث غيرهم على توقيع هذه العرائض المتضمنة التشكيك في منهج ولي الأمر".

مرّ المشهد السياسي السعودي في العقد الماضي بموجتين من "البيانات الإصلاحية"، أولاهما بدأت مع عريضة: "رؤية لحاضر الوطن ومستقبله" عام 2003م وما تلاها، والثانية في 2011م بخطاب: "دولة الحقوق و المؤسسات"، وما واكبه. ويمكن القول أن كلتا الموجتين تبنيان على ما يُشبه التقليد الإصلاحي الذي أسسته "مذكرة النصيحة" و"العريضة المدنية" اللتان قُدّمتا أوائل التسعينيات الميلادية إلى الملك وقتذاك. بصفة عامة، هناك ظاهرة خليجية تتمثل باللجوء إلى العرائض والبيانات كحلّ مؤقّت لتجاوز احتكار الفضاء العام من قِبل منظومات الحكم في المشيخيات الخليجية، كما حدث عندما تمّ تعطيل البرلمان الكويتي عام 1986م فلجأ النواب والمواطنون إلى كتابة وتوقيع: "العريضة الشعبية"، وصولاً إلى العريضة الإصلاحية التي رفعها عدد من المواطنين الإماراتيين إلى رئيس الدولة عام 2011م وبدأت على إثرها موجة من الاعتقالات وسحب الجنسية. تقدّم هذه المقالة قراءة نقدية لظاهرة "البيانات

الإصلاحية" في السعودية خلال العقد الأخير ، مُمثلة في عيّنة من أهم البيانات ذات الطابع العام أو الفئوي ، و تشمل:

"رؤية لحاضر الوطن ومستقبله" 2003م

"دفاعاً عن الوطن" 2003م

"نداء إلى القيادة والشعب معاً: الإصلاح الدستوري أولاً" 2003م

"شركاء في الوطن" 2003م

"دولة الحقوق والمؤسسات" 2011م

"إعلان وطني للإصلاح" 2011م

"دعوة للإصلاح" 2011م

"رسالة شباب 23 فبراير إلى الملك" 2011م

"بيان الشباب السعودي بخصوص ضمان الحريات وأدب الاختلاف" 2012م

"مبادرة القيادة للمرأة السعودية: خطاب الشعب لخادم الحرمين الشريفين" 2012م

لا يمكن استخدام هذا التوصيف: "البيانات الإصلاحية"، إلا بصفة مجازية متسامحة ، للإشارة إلى أشكالٍ متباينة من النصوص والمضامين ومفاهيم الإصلاح ، يجمع بينها كونها

خطابات مفتوحة ومُتاحة لتوقيع المؤيّدين. فيما عدا ذلك فإن هذه "البيانات الإصلاحية" تصدر في التباسٍ حول هدفها، واضطراب يطال أحياناً بُنيتها الداخلية، ثمّ بعد صدورها يحيط بها اضطراب منظومة الحكم السعودية في التعامل معها: الاحتواء؟ التجاهل؟ الاعتقال؟ تجلّت ذروة هذا الاضطراب في بيان: "رؤية لحاضر الوطن ومُستقبله" الذي استقبل الملك الحاليّ عندما كان ولياً للعهد موقّعيه قائلاً: "رؤيتكم رؤيتي، ومشروعكم مشروعي"، ثم في العام التالي تحول توقيع هذا البيان — ضمن غيره — إلى تُهمة يُحاكم ويُسجن بموجبها الثلاثي الإصلاحي عام 2004م. انعكس هذا الاضطراب السلطوي على طبيعة الموقف الاجتماعي من هذه البيانات وخصوصاً بين الموقّعين أو المدعوين للتوقيع، إذ دخلت في الحسابات أشياء أخرى بعيدة عن مضمون البيان وأفكاره، كحسابات الربح السياسي والشخصي المتوخى من التوقيع.

فمثلاً، يذكر محمد سعيد طيب أنه، وبعد ذيوع نبأ قَوْلة الملك: "رؤيتكم رؤيتي"، لامه بعض الأشخاص على عدم دعوتهم لتوقيع العريضة "كتاب السجين 32"، وفي المقابل اعتبر آخرون أن عداء منظومة الحكم لهذه البيانات يُعدّ مكسباً حقوقياً كما يقول علي الدميني (كتاب زمن للسجن، أزمنة للحرية). خلال العقد الماضي كان جزءٌ من أسلوب التفاعل الاجتماعي مع البيانات والنقاشات حولها يغلب عليه طابع الاهتمام التحليلي

بتشكيلة أسماء الموقّعين ، فتصبح قائمة الموقعين بمثابة "**نصّ اجتماعيّ موازٍ**" لنصّ البيان ؛ ومؤشراً "**ما**" على خريطة الأفكار والتيارات وحراكها المستجد ، لكن عند أخذ هذا الظرف الذي يحيط بإصدار البيانات وتوقيعها في الاعتبار ، يمكن ملاحظة دوافع مختلفة وراء توقيع هذا البيان أو ذاك ؛ سوى مَتن البيان نفسه ، دوافع تكتيكية أو شخصية أو آنية للتوقيع ، و هذا بدوره يجعل القيمة التحليلية لمغزى حضور هذا الاسم أو غياب ذاك ، ذات صلة بالمشهد السياسي والاجتماعي ، أكثر من صلتها بتطور الخطاب الإصلاحي ذاته. مثلاً ، عند مراجعة بعض العرائض القديمة كـ "**نداء إلى القيادة والشعب...**" المنادي بالملكية الدستورية ، يمكن ملاحظة توقيعات لكُتابٍ تجلّوا بعد ثمانية أعوام خلال الربيع العربي في شنّ حملة صحافية على الديموقراطية مفهوماً و ممارسة. و يذكر محمد سعيد طيب أن د.توفيق السيف هو من وضع الخطوط العريضة لبيان "**رؤية...**" لكنه لم يوقّعه لئلا يحجم بعض الإسلاميين السُنّة عن التوقيع (السجين 32).

أما ما بدا أنه تلاقٍ بين التيارات التي تشاركت التوقيع على بعض البيانات (كما حدث في بيان "**دولة الحقوق...**") ، فيصفه الباحث مشاري عبد الرحمن النعيم بـ "**التلاقي الشكلي**" كما برهنت على ذلك الأحداث اللاحقة للبيانات (كتاب اتجاهات

النخب في السعودية). على هذا الأساس ، تُنحّي هذه المقالة جانباً دراسة الخارطة الاجتماعية لموقّعي البيانات ، وتُركّز بشكلٍ أساسي على قراءة متون البيانات ، كمادّة تصلح لرصد خطوط فكر الإصلاح السياسي في السعودية ، وإشكالياته.

نجحت "**البيانات الإصلاحية**" على عدة مستويات. فرغم أنها تقدّم مفاهيم متفاوتة للإصلاح ، إلا أنها نجحت في إرساء خطوط عامة لقضية الإصلاح السياسي في السعودية ، أهمها تطوير نظام الحكم ، انتخاب المؤسسة التشريعية ، استقلال القضاء ، المساواة والقضاء على التمييز ، حرية التعبير والتجمّع ، محاربة الفساد وآثاره الاجتماعية والاقتصادية. كما نجحت في حشد عدد لا بأس بهِ من المواطنين وراء هذه القضايا. وكوّنت قاموساً محلياً لمفردات لخطابها الإصلاحي التي فرضتها على الحقل السياسي السعودي ، كمفردات: "**المشاركة الشعبية**" ، و"**الملكية الدستورية**" و"**الحقوق والحريات**" ، "**المال العام**" ، "**سيادة القانون**" ، إلخ. كما مثلت ، ودون قصد ، رصداً غير مباشر لمدى الركود السياسي ومُمانعة منظومة الحكم للإصلاح ، وفي الآن نفسه التقدّم المتزايد لمطالب الإصلاح ، ومثّلت كذلك مؤشراً على التدهور في الوضع الداخلي للدولة. فالبيانات المتوالية ما لبثت تكرر مطالب ثانوية سهلة التنفيذ ولا تمسّ صُلب منظومة الحكم ، كإقرار النظام الخاص بالجمعيات الأهلية دونما استجابة!

وبينما كان بيان "رؤية..." يشير إلى مشكلة البطالة، والمعتقلين والمنع من السفر، فإن خطاب "**دولة الحقوق والمؤسسات**" بعد ثمانية أعوام، يشير إليها جميعاً ويزيد عليها مشكلة السكن، ويضيف إليها "**الإعلان الوطني للإصلاح**" وبصراحة فاقعة، قضية "**الفقر**". وكل هذا جنباً إلى جنب التصاعد المستمر في المطالب، فبيان "**رؤية...**" يقف عند مطلب تطوير نظام الحكم، لكن "**دولة الحقوق والمؤسسات**" يرفع سقف مطالبه إلى تحديد صلاحيات الملك عبر فصل رئاسة الوزراء عن منصبه. في المقابل، يمكن اعتبار تقارب بل وتكرار مضامين البيانات المنفصلة لكن المتزامنة؛ مؤشراً مُحبطاً على عجز النخب السعودية عن إنتاج خطابٍ وطني جامع، وتمسكهم بتمايزاتهم الداخلية الهشة، مُنتجين بياناتٍ منفصلة تُجمع على نفس المطالب الرئيسية، والاختلاف الأساسي فيها هو ازدياد جرعة الخطاب الشرعي أو نقصانها. ثمة مؤشر مُحبط آخر يمكن أن يولد من التتبع التاريخي للبيانات المختلفة، وهو تمسكها التقليدي والمتكرر بتحذير منظومة الحكم "**من احتقان المجتمع المؤذن بالانفجار**"، لكن الأعوام تمرّ والمجتمع محتقن لكنه لا ينفجر، ما يفرض سؤالاً حول ملاءمة هذا الخطاب الإصلاحي، وسؤالاً أكثر مرارة حول نجاح منظومة الحكم السعودي في توظيف الحل الأمني والضّخ المالي في تنفيس الاحتقان الاجتماعي، ولو مؤقتاً.

يمكن أن يكون السؤال الأبرز الذي يواجهه البيان
الإصلاحي هو سؤال الغاية. ما الغاية الرئيسية المرتجاة من كتابة
وتوقيع البيانات في السعودية؟ ما الهدف الذي تحدده البيانات
لنفسها؟ أهي في موقف "نصيحة" لنظام الحكم.. أم موقف
"**توعية**" للمواطنين؟ هل يمثّل البيان فِعلاً سياسياً يناور منظومة
الحكم (خاصة خلال الأعوام 2003 — 2004م عندما كان بعض
الإصلاحيين مقتنعون بصدق التوجه الإصلاحي عند جزء من
منظومة الحكم و بحاجته للدعم كما يقول علي الدميني!)، أم
تبشيراً بالفكر الإصلاحي ونموذجاً عملياً لممارسة حرية التعبير؟
كِلتا الغايتان مشروعتان على حدٍ سواء، ومُتداخلتان أحياناً، لكن
مُشكلة البيانات الإصلاحية هو مزجُها غير الواعي بين الغايتين،
بين منطق السياسة وضرورات الفِكر، بطريقة تفتقر إلى الاتّساق
بين الخطاب وغايته المفترضة.

مثلاً: إنه من المألوف توجيه البيانات إلى الملك ووليّ عهده
إلخ، هذه البيانات تبدأ غالباً بحَثّ منظومة الحكم على الإصلاح
من أجل تعزيز واستدامة حكم الأسرة المالكة، لكن هذه المقدّمة
لا تنتمي بحالٍ إلى الفِكر الإصلاحي الذي ينبني حول تحقق
مواطنة المواطنين، لا حماية مصالح الأسر الحاكمة. وكلما مال
البيان الإصلاحي أكثرَ إلى تقديم خطابٍ عن الإصلاح على قياس

الذهنية الحاكمة، ضعفت قيمته كخطاب يبث الوعي الإصلاحي بين المواطنين.

يتجلى أحياناً مأزق الهدف والغاية بعد إصدار البيان، عندما يتساءل موقّعوه عمّا بعد البيان؟ يذكر علي الدميني أن الاعتقالات التي أعقبت حركة العرائض عام 2003م مثلت "**مخرجاً**" للإصلاحيين من مأزق وصول الخطابات إلى طريق مسدود كالعادة، ومِن شُبهة التحالف مع أحد أجنحة منظومة الحكم (زمن للسجن، أزمنة للحرية). إذن: يصدر البيان، فلا منظومة الحكم تستجيب، ولا المواطنون يحتشدون بدرجة كافية حول البيان أو أصحابه، فيجد أصحاب البيان أنفسهم في مأزق السؤال عن الغاية من إصداره، ويأتي الحلّ المُنقذ على يد منظومة الحكم بالاعتقال والتضييق والمنع من السفر والتدريس، فيما يُشبه طقس الرفع على الصليب (معنوياً).

تظهر في متون البيانات لمحاتٍ تشي بافتقارها إلى الجدّية والتناسق بين مطلبها الرئيسي ومطالبها الثانوية، أو بين عنوانها وخطابها، أو اضطرابِ بُنية خطابها الداخلية. من بين البيانات التي وُجِّهت إلى الملك عند عودته من العلاج في فبراير 2011م، كانت "**رسالة شباب 23 فبراير**". تضمنت مطالب رئيسية، وأخرى ثانوية من قبيل "**رصد ومعالجة الظواهر المجتمعية السلبية**"، و"**تجديد الخطاب الديني**"، و"**استيعاب الناشطين**

المهتمين بالشأن العام" في مجلس الشورى. وفي بيان **"دفاعاً عن الوطن"** ، تَرِد المطالب التالية: مطالبة الإرهابيين بنبذ العنف والإرهاب. في مثل هذه المطالب التي ترد عادة على هامش البيانات يتّضح عادة الفرق بين بيانٍ وآخر ، ومدى جدّية خطابه ، ونمط تصوراته عن الدولة والمواطن.

عندما يُطالب بيانٌ إصلاحيّ منظومة الحكم بمطالب تتمحور حول تربية وتوجيه المجتمع والأفكار ، كتجديد الخطاب الديني ورصد الظواهر السلبية ؛ فإنهُ يشير إلى تصوّرات مُضمرة عند محرر البيان لم تتجاوز بعد نموذج الدولة الرعوية في الخليج ، الدولة التي تسقي وتكسي وتُعلّم ، وتحدد للمجتمع بأيّ شيء يجب أن يفكر وكيف يعيش. إنه أمرٌ طريف أن يرد مطلب كـ **"استيعاب الناشطين في مجلس الشورى"** بصفته مطلباً **"إصلاحياً"** في بيانٍ **"شبابي"** ، مُكرّساً أبوية الدولة التي تحدب على أبنائها الناشطين — المارقين — و**"تستوعبهم"** ضمن مؤسساتها العتيقة ؛ هذا بدلاً عن أن تركّز مطالب البيان الشبابي الإصلاحي على تحرير حركة المجتمع من قيود منظومة الحكم ، وعلى فتح الطريق أمام الأنشطة الفردية لتتحول إلى مؤسسات أهلية مستقلة. بنفس القدر من الطرافة تمكن قراءة مُطالبة **"الإرهابيين... بنبذ الإرهاب والعنف".** لا بُد أن كاتب البيان يدري أن تنظيم القاعدة لن يراجع نفسه بعد قراءة هذه الفقرة و يبكي بكاء النادم التائب ؛ ويدري

جيّداً أن هذا مطلب مُفتقر للجديّة وموجّه تقريباً إلى "**لا أحد**"، لكنه يستخدم هذه الفقرة من أجل خلق توازن – في نظر منظومة الحكم – مع باقي مطالبهِ الإصلاحية الواردة في نفس البيان، وتسجيل موقف شخصي ضد الإرهاب. نوع آخر من اضطراب الخطاب يظهر في بيان "**دعوة للإصلاح**"، الذي يقدّم مفهوماً مختلفاً للإصلاح يتلخّص في إعطاء نفوذ أوسع لـ "**العلماء والدعاة**"، مقدّماً له بديباجة شرعية وخطابٍ ديني، لكن في ثنايا البيان ترد مطالب إصلاحية مُستمدة من قاموسٍ مدني: "**هدر المال العام، المراقبة، المحاسبة، خط الفقر، الموقوفين، نظام الإجراءات الجزائية**"، فتبدو المطالب الإصلاحية الخاصة بالمواطنة والمَدَنية في موقع ثانوي بالنسبة للمطلب الكبير الخاص بـ "**العلماء والدعاة**"، وربما لا تمثل هذه المفردات المدنية سوى وسيلة تسويقية للمطالب "**الدينية**". ولأن الحفاظ على الاتّساق بين الخطاب الديني والمدني يستلزمُ قصديّة ووعياً مُسبقاً، وهو ما لا يتوافر عليه هذا البيان بالطبع؛ فإنه يصل إلى ذروة الفوضى في خطابه وهو يطالب بـ "**التعامل مع الطوائف المخالفة ضمن خطط مدروسة تحقق لهم المواطنة العادلة والحقوق التي كفلها الإسلام لمثلهم**"، جامعاً بين اصطلاحي: "**الطائفة المخالفة**" و"**المواطنة**"، اللذان لا يجتمعان إلا بصفة التعارض، فحيثما صار الناس كلهم مواطنون وفق قانونٍ مَدَني، لا يعود هناك محلٌ للتمييز بينهم بصفتهم طائفة مخالفة وطائفة

موافقة. عادة ، تكون البيانات ذات الموضوع المحدود هي الأفضل صيغة والأكثر جدية ، و"**بيان الشباب السعودي بخصوص ضمان الحريات وأدب الاختلاف**" نموذج جيد لهذا ، لكن هناك نماذج سيئة كخطاب "**مبادرة القيادة للمرأة السعودية**" الموجه إلى الملك ، المكتوب بلغة إنشائية متواضعة وتَمَلّقية ، والمشغول في قسم منه ، بالاعتذار عن المبادرة ، وفي القسم الآخر ، بتسهيل استقدام السائقين من الخارج!

...هذه النماذج وسواها كثير ، تكشف عن اختلالات الوعي وتواضع الفكر الإصلاحي عند بعض من يحرر البيانات ويُفترض فيهم أن يكونوا "**نُخباً**" فكرية وأن "**يقودوا**" الحراك الإصلاحي. كما توحي أن كتابة البيانات رغم كونها عملاً جماعياً كما يُفترض ، إلا أنها قد تلقى عناية وتدقيقاً أقل مما تلقاه كتابة مقال شخصي ، وتخضع بسهولة لظروف التعجّل لاستغلال حدثٍ معيّن ، أو مراعاة المزاج السياسي والشعبي. وإذا كان هذا مفيداً لترويج البيانات بشكلٍ مؤقّت لحظة صدورها ، فإنه مُضرٌ بالحصيلة التراكمية للخطاب الإصلاحي الذي يبدو عند النظر إليه عن بُعد ، أقلّ جدية واتّساقاً مع ذاته ، وخاضعاً لما تفرضه اللحظة السياسية أكثر من التزامه بجوهر الفكر الإصلاحي ، وهو ما يقود إلى الإشكال التالي ، والأخير في هذه المقالة.

هناك خاصية مميزة تظهر تقريباً في جميع البيانات أعلاه، حتى تلك المشغولة بقضية فئوية أو موضوع محدد، وهو ارتباط صدورها بحدثٍ خارجيّ، حدث لم تصنعه الكتلة الإصلاحية، لكنها تحاول استغلاله لصالح إعادة أفكار الإصلاح السياسي إلى الواجهة. بيان "**رؤية...**" عام 2003م كان يشير في ديباجته إلى أحداث 9/11، والبيانات التالية لتفجيرات الرياض مايو 2003م كانت تشير في ديباجتها ومتنها تكراراً إلى ضرورة الإصلاح "**من أجل تجنب العُنف**" (التفجيرات حَدَث داخلي، لكنه خارج عن يد الإصلاحيين). بيانات العام 2011م جميعها تتكئ في ديباجتها على الربيع العربي وتداعياته، بما في ذلك بيان "**دعوة للإصلاح**" الذي لا يتضمن أية مطالب ديموقراطية أو تحررية؛ لكنه يوظّف الربيع العربي بصفته المصير المخيف الذي يجب أن تتجنبه البلاد (عبر تطبيق الشريعة وفتح الإعلام والمناصب العليا لأهل الخير، حسبما يقترح البيان). وكذلك بيان المواطنين الشيعة "**شركاء في الوطن**" الذي تتمثل فكرته الأساسية في إدخال الشيعة إلى النظام الحالي (وليس إصلاح بُنية النظام)؛ هذا البيان يتكئ أيضاً على أحداث 11/9. استقراء هذه الخاصية المميزة للبيانات الإصلاحية، يمكن أن يقود إلى بناء تصوّر حولها كفِعل، وحول موقف مُنتجيها، والخلل الذي يعتريهما معاً.

فاتّكاء البياناتِ الإصلاحية السعودية دائماً على حدثٍ خارجي – ينتمي إلى الخارج دولياً كالثورات ، أو الخارج عن مسؤولية وتأثير الكتلة الإصلاحية – يضع هذه البيانات أولاً في محل ردّ الفعل على هامش الفعل الأصلي ، أي أن البيانات الإصلاحية ليست تحركاً إصلاحياً قائماً بذاته ، والكُتلة الإصلاحية التي تقدّم البيان تعتمد في محاججتها من أجل الإصلاح على حَدَث لم تصنعه ، كالإرهاب والثورات ووفاة وليّ للعهد وتنصيب آخر ؛ لكنها تحاول استغلالهُ والإفادة منه ، فقط. وهذا ما يضع الكتلة الإصلاحية في موقفٍ ضعيفٍ ابتداءاً ، فهي تُحذّر مما لم تصنع وتُنذر مما لا تستطيع ، ثم تطلب من منظومة الحكم أن تقدّم تنازلاتٍ طوعيّة عن سلطتها ، ولهذا تبدو البيانات الإصلاحية في صورة "**معاريض**" تعزز الصورة التقليدية لمخاطبة منظومة الحكم ، حتى شاع وصمها بـ "**الخطابات الاستجدائية**" كما يقول علي الدميني (زمن للسجن ، أزمنة للحرية).

ثانياً ، ولأن الكتلة الإصلاحية عاجزة عن الحركة وممارسة نشاطها على الأرض ، فهي ضمن مجتمع محرومٍ ككل من حقوقه المدنية في التجمّع والتعبير ؛ فإنها ترغب في تقديم البيانات بصفتها تنوب عن الحراك المدنيّ المحاصر ، فأصبح ردّ الفعل المتوقّع بإزاء أي حدثٍ كبير ، هو إصدار بيان ، كما حدث في فبراير 2011م عقب الثورتان التونسية والمصرية. فهل يمكن للبيانات

وحدها أن تنوب عن الحراك المدني... وأن تقدّم بعض الراحة للضمير الإصلاحي القلق؟

"إنّي أتهم". شبح إميل زولا وخطابه، يلوح دوماً كلما جاء ذكر قُدرة الكلمة على إظهار الحقيقة، وقُدرة المثقف على إعادة الاعتبار لقيمة المواطنة. ليس هذا هو السبب الوحيد لاستدعاء زولا عند الحديث عن البيانات، هناك سببٌ ثانٍ وهو أن زولا وصَحبه، لجأوا هم أيضاً إبان قضية دريفوس إلى كتابة وتوقيع ما عُرف بـ "**بيان المثقفين**"، الذي كان دافعاً لجدل اجتماعي وسياسي ومُراجعة شاملة. لماذا كان "**بيان المثقفين**" وخطاب "إني أتهم" مؤثران إلى هذا الحد؟ هل كانت كلمات البيان تعويذة سحرية غيّرت بقوّتها وحدها المجتمع الفرنسي؟ الحقيقة، عندما صدر بيان المثقفين الفرنسيين عام 1898م، لم يكن مجرّد بيان، كان صدوره مؤشراً على تغيّر اجتماعي قد تحقق ويتمثل في استقلال الحقل الثقافي عن الحقل السياسي، وحيازة المثقف سلطة معرفيّة، ثم كان صدوره نقطة انطلاق لحركة اجتماعية تالية مدافعة عن حقوق الإنسان والمواطن تواصلت حتى عام 1906م، وعبر هذه السنوات وُلد مفهوم المثقف بصورته الحديثة (كتاب **سوسيولوجيا الثقافة والمثقفين**).

في السعودية، ولأن البيانات باتت تصدر تباعاً دون أن تنجح في خلق هذا التغيير الاجتماعي، يبدو للبعض أن مرحلة

البيانات قد استنفذت أغراضها، كما يقول نجيب الخنيزي (السجين32). لكن عند مقارنتها بالنموذج الفرنسي الآنف، يمكن رؤية صورة ودور مختلف للبيانات، كحلقة ضمن سلسلة تحولاتٍ اجتماعية تطال المثقف والحقل الثقافي، مُنتجة مفاهيم جديدة وخطاباً جديداً، ثم تتواصل بعد البيان عبر تكوين عُصبة أو حركة تتمثل مفاهيم البيان وتحمل روحه، وهو ما لا يحدث في حالة البيانات الإصلاحية في السعودية التي لم تتمخّض عن حركة مماثلة، ومهما كانت جيّدة الصياغة – كـ "**الإعلان الوطني للإصلاح**" مثلاً – فإن دور موقّعي البيان ينتهي بالتوقيع، ثم ينصرف كلٌ منهم إلى أنشطته الفردية المعتادة (باستثناء د. عبد الله الحامد وزمرة قليلة تواصل تكريس نفسها بالكامل للقضية الإصلاحية). وعندما توجّه الإصلاحيون عام 2003م إلى تحويل بياناتهم إلى عمل منظّم واسع النطاق عبر لجانٍ في كل منطقة من المملكة، كان الاعتقال لهم بالمرصاد قبل إنجاز هذا التحول (زمن للسجن، أزمنة للحرية).

ثمة تعويل بالغ في على الكلمات المجرّدة، في المشهد السعودي، يُراوح بين الإيمان الحالم بقدرة الكلمات (أو البيانات) على تغيير الواقع؛ و اليأس العميق من تغيير الواقع بحيث لا تمثل البيانات الإصلاحية بالنسبة لمقدّميها إلا مَعْذرة الذات العاجزة إلى الضمير القلق. من الواضح أن قيمة البيانات لا تتعلق

بنصوصها وموقّعيها فقط ، ولكن بالسياق الذي تأتي ضمنه. فإذا ولدت كجزء من حركة مستمرة وعبّرت عن خطابٍ جديد ، ستختلف قيمتها عمّا إذا وُلدت كردّ فعلٍ على هامش حدث خارجي ، وعَكَس خطابها ارتباط وضعف موقف الكُتلة الإصلاحية ، ثم انتهت الحركة بصدورها. واللافتُ أنه بينما تستمر بيانات الكُتلة الإصلاحية بالصدور عند كل مناسبة ، معبّرة – أكثر من أي شيء آخر – عن عجز الكتلة الإصلاحية عن تجاوز الحصار الخانق لأيّ حراك مدني ، فإن الاختراق قد تحقق فعلاً على الأرض بواسطة مجموعاتٍ أقل اعتناءاً بإصدار البيانات وبالفكر الإصلاحي ككل ، لكنها أكثر قدرة على تنظيم الاعتصامات والمسيرات والإضرابات ، وإبداع وسائل الاحتجاج الناعمة كما فعل أهالي المعتقلين دون محاكمات صبيحة العيد الماضي ، أو ما فعلته طالبات **جامعة الملك خالد**.([5])

([5]) نقد التجربة الإصلاحية: البيانات الإصلاحية في السعودية – إيمان القويفلي - موقع "المقال" – 23/ 2/ 2013 – الرابط:

http://www.almqaal.com/?p=2703

هل السعودية محصّنة؟

مقال لستيفان لاكروا

سأتناول من وقت لآخر تحت التصنيف "نقد لدراسة منشورة" بالعرض والتحليل أحد المقالات الجديرة "برأيي" لعرضها للقاريء العربي والسعودي ولتعميم الفائدة...

مقال اليوم كتبه ستيفان لاكروا، الأستاذ المساعد في العلوم السياسية في باريس ومؤلف كتاب "إحياء الإسلام: سياسات المعارضة الدينية في السعودية" ... المقال بعنوان: "هل السعودية محصّنة؟" ومنشور في مجلة "ميوز" في العدد 22 رقم 2 السنة 2011...

أسئلة المقال

يحاول الكاتب الإجابة عن مجموعة من الأسئلة حول أبرز الحركات السياسية المعارضة في المملكة وما هو رد فعل الحكومة في التعاطي مع حركات المعارضة؟ من هم رموز الحركات المعارضة والإصلاحية المحلية؟ وأخيراً هل الإصلاح السياسي عملية مستحيلة في السعودية؟...أهمية المقال تعود لكونه يعرض

تلخيصاً عاماً وشاملاً لتيارات المعارضة السياسية في السعودية منذ خروج جهيمان العتيبي وحتى اليوم للوصول إلى إجابة لهذه الأسئلة...

تاريخ المعارضة السياسية

يعود الكاتب إلى الخمسينات وقت ظهور أول حركة معارضة سياسية للحكومة، ولكنه يعزو أهم حركة من ناحية التأثير العام في سياسات الحكومة إلى 1979 بعد احتلال الحرم من جهيمان العتيبي وبعض مئات من أتباع المهدي وحتى انتهاء الاحتلال بمقتل أكثر من مائتي شخص من المسلّحين والمدنيين وأفراد الأمن، كما يشير إلى حركة شبيهة في الوقت نفسه في المنطقة الشرقية قامت الحكومة في وقتها بالقضاء عليها بالقوة.

ويأتي الكاتب بعدها إلى أهم حراك سياسي معارض —برأيه — وهو ظهور **حركة الإصلاحيين الصحويين** في بدايات التسعينات بالتزامن مع حرب الخليج الأولى، يعزو الكاتب أهمية الحركة إلى شعبيتها الكبيرة بين المجتمع السعودي المتديّن بالأصل وإلى مزجها بين الطابع السياسي للإخوان المسلمين والمحلي للسلفيين الوهابيين.

كانت البداية بإصدار الحركة بيانات رسمية بشكل علني للمرة الأولى وتعرض مئات وربما آلاف الأشخاص من المنتسبين لها للاعتقال ما بين 1994 —1995، وبهذا وضعت نهاية لما يسمى

بـ "عودة الصحويين". يذكر الكاتب أن نهاية التسعينات شهدت ظهور المعارضة المسلّحة "تنظيم القاعدة في الجزيرة العربية" والذي نفّذ عدة هجمات محلية منذ 2003 — 2006 حتى نجحت السلطات السعودية في القضاء عليهم.

الإصلاحيون الدستوريون

في مقابل المعارضة المسلّحة ظهرت حركة سلمية متنامية بقيادة رموز سابقين للصحوة من أمثال عبد الله الحامد وعبد العزيز القاسم، وتميّزت عن غيرها من الحركات المعارضة بانضمامها مع التيارات السياسية المختلفة كالليبراليين والشيعة تحت مظلة مطالبة موحّدة وهي **"الملكية الدستوريّة"**...

كانت مطالب الملكية الدستورية التي تمت صياغتها بعبارات إسلامية حركة غير مسبوقة في السعودية، كما كان اتحاد الإسلاميين الصحويين واللاإسلاميين في الحركة. وتعرض منذ العام 2003 رموز الحركة من الإصلاحيين الدستوريين للمضايقات من السلطة لإطلاقهم مجموعة بينات رسمية وعرائض للإصلاح وفي فبراير 2007 اعتقل عشرة قيادات بارزة في الحركة لإصدارهم: **"معالم على طريق الملكية الدستورية"** بتهم مساندة الإرهاب، كانت الشائعات تدور أن الرجال العشرة على وشك إعلان تأسيس حزب سياسي، وحتى الآن لا زال معظمهم بالسجن...

ينتقل الكاتب للحراك التالي والذي نشأ برأيه كرد فعل من الناشطين على غياب تأييد شعبي لاعتقال الإصلاحيين الدستوريين ، يقول أحد الإصلاحيين الجدد للكاتب "**وجدنا أن الحديث بلغة إسلامية كان كافياً لحشد الشعبية إلا أن حراكنا لن يكون فعّالاً في مجتمع يفتقد للوعي السياسي**" ، ومن هنا نشأ الحراك السياسي ومن بوابة حقوق الإنسان وخصوصاً السجناء السياسيين والمقدّر عددهم في السعودية ما بين 10000 و 30000 سجين بلا محاكمة على خلفيات تهم تتعلق بالإرهاب. يذكر الكاتب أن النشطاء حاربوا الاعتقال التعسفي ليس فقط من باب مخالفته للمباديء الإسلامية ولكن لمخالفته للمعاهدات والأنظمة الرسمية للحكومة... وفي نهايات 2009 تم تأسيس أول حزب مستقل لمراقبة حقوق الإنسان في السعودية "**جمعية الحقوق السياسية والمدنية السعودية**" ، وبالرغم من اعتقال بعض أعضائها بقيت الجمعية فعّالة في إصدار البيانات الرسمية والتعليقات على المخالفات عبر موقعها الذي قاوم محاولات الحجب المتتالية...

حزب الأمة الإسلامي

يذكر الكاتب محاولة عشرة أشخاص من رموز الحركة الإصلاحية الدستورية انتهاز فرصة الثورات العربية لإحياء المطالب الدستورية وإنشاء "**حزب الأمة الإسلامي**" ، ويربط

للقاريء الصلة بين الأعضاء المؤسسين وبين رموز إصلاحية أخرى في الخليج بنفس التوجه الأيديولوجي مثل حاكم المطيري، الكاتب الإسلامي الكويتي ومحاولته تأسيس ديمقراطية مبنية على التشريع الإسلامي السلفي، حيث محاولة إعلان حزب الأمة السعودية هي امتداد لـ "**حزب الأمة الكويتي**" بقيادة المطيري والذي ينادي بإعلاء حكومة "**الحقّ**" وهو مفهوم يتجاوز الملكية الدستورية ويشكّك في شرعية الملكية كنظام حكم من الأساس. وحتى اليوم يبقى 7 من الأعضاء المؤسسين للحزب السعودي معتقلين منذ الإعلان عن الحزب. لكن ذلك لم يثن جمعية الحقوق السياسية والمدنية عن زيادة الضغط الإعلامي على السلطات، وخصوصاً بعد سقوط نظام حسني مبارك في مصر وتلويحها للسلطات بضرورة الملكية الدستورية في السعودية كمخرج وحيد من التعرض لمصير مشابه...

التيارات الفاعلة خلف مطالب الإصلاح السعودية منذ بداية الثورات العربية:

يقارن الكاتب بين عريضتين هامتين لمطالب الإصلاح صدرتا بالتزامن في فبراير 2011، ولكونهما استخدما الانترنت للوصول إلى أكبر عدد من الناس فقد تم حصد آلاف التواقيع على كل منهما، العريضة الأولى: "**بيان الملكية الدستورية**"، بواسطة أحد أهم رموز الليبرالية محمد سعيد طيب ونجيب الخنيزي الذي

يصفه الكاتب بالشيوعي السابق، وركزت على مفاهيم الملكية الدستورية. و العريضة الثانية: **"نحو دولة الحقوق والمؤسسات"** الصادرة عن رموز الحركة الإسلامية كسلمان العودة والذي كلفه نشاطه المتزايد بعد الثورات العربية برنامجه الأسبوعي **"الحياة كلمة"**.

كان تركيز بيان الحقوق والمؤسسات على الإصلاح المؤسساتي بلا دعوة لملكية دستورية ولكن الدعوة إلى مجلس شورى منتخب بالكامل وحكومة يمكن مراقبة أداءها ومساءلتها.

من أبرز الموقعين كان محمد الأحمري والذي ظهر اسمه على البيانين معاً، والأحمري هو قيادة بارزة في التجمع الإسلامي لشمال أمريكا والداعي إلى حراك إسلامي ديمقراطي، وهي ظاهرة جديرة بالتأمل في السعودية حيث انضم عدد كبير من المفكرين والمثقفين إلى البيانات بالرغم من انتماءاتهم المختلفة مما يفصح عن وحدة المطالب المذكورة في البيانات وأهميتها لمختلف التيارات الفكرية.

لكن فات على الكاتب أن يذكر أن البيان الأول تراجع عنه عدد من واضعيه بسبب عدم علمهم بعلانيته أو رفضهم لبعض بنوده كما ورد في المواقع المختلفة...

كما أشار الكاتب أيضا إلى شباب السعودية النشط في المواقع الاجتماعية مثل **تويتر وفيسبوك**، وأغلبهم من خريجي

مدارس الصحوة الإسلامية سابقاً والمرتدين عليها لعدم وضوح القيادات أو رؤيتهم السياسية للإصلاح. ويربط هنا بين نقطة التمرد على الجيل السابق الملحوظة في شباب السعودية وشباب الإخوان المسلمين في مصر: كلاهما مختلفان مع التقاليد الفكرية لمؤسسي الحركات القدامى ولكن يعملان على ردم الهوة بين المباديء الإسلامية القديمة ومباديء الليبرالية الحديثة.

شباب الإخوان انضموا للثورة المصرية في نهايتها ولم يكونوا فاعلين سياسياً، ولذلك يعرّف الشباب عن فكره بعبارة "**الشباب**" فقط بلا أيديولوجية محددة. وهكذا قدّم 49 شخص من الشباب السعوديين أنفسهم في خطاب مفتوح في 23 فبراير للملك السعودي الثمانيني، وكانت أحد مطالبهم هو أن يكون متوسط عمر الوزراء والمسؤولين ما بين 40 – 45 عاماً بالتقريب. وهي نقطة جديرة بالاهتمام من الباحث وكانت تلك إحدى النقاط التي توقفت عندها في فبراير الماضي عندما وصلني خطاب الشباب للتوقيع عليه، شخصياً لا أعتقد أن العمر هو المحك ولكن الصلاحيات، لأن بعض الوزراء في عمر صغير ولكن الصلاحيات تقيّد الكثير منهم.

كما يذكر الكاتب أن الشباب من موقّعي الخطاب لم يحركهم فقط الجو العربي العام للثورات لعمل مطالب جماعية، فغالبيتهم كانوا نشطين على المواقع الاجتماعية منذ 2008

ونجحوا في تحريك حملات مدنية لإنقاذ مدينة جدة من الفيضانات مثلاً ، و يلفت الانتباه إلى الجانب الحقوقي البارز في اهتمامات الشباب كما في **"المرصد السعودي لحقوق الإنسان"** لمؤسسه وليد أبو الخير ، وفؤاد الفرحان المدوّن الشهير المعتقل في 2007 لنشاطه الحقوقي ، ومحمد البجادي عضو جمعية الحقوق المدنية والسياسية والمعتقل حتى الآن ، ومحمد العبد الكريم المعتقل سابقاً على خلفية مقال سياسي يطالب بشرعية الحكم للأمة ، بدلاً من الاعتماد على عائلة حاكمة متفرقة ، إبراهيم النوفل مؤسس **مجلة رؤية** ، ويذهب الباحث من هنا لاستعراض النشاط الالأكتروني المكثف للسعوديين بعد الثورات والصفحات التي أنشئت لـ **"تجمع السعوديين الأحرار"** و**"ثورة يوم الغضب"** المشابهة لثورة مصر وتونس ، ويذكر أن صفحات **حزب الأمة الإسلامي** كانت الأكثر علنية وتعريفاً بأعضائها ، ويرى أن **حركة حنين** كانت تكسب قبولاً متسارعاً في الشارع وخصوصاً بعد خروج الشاب محمد الودعاني في تظاهرة أمام مسجد الراجحي وهو ينادي بسقوط الملكية ، إلا أن اعتقاله أوقف نشاط الحركة.

الاضطرابات في شرق السعودية

يشير الكاتب هنا إلى النشاط السياسي النشط لشباب الشيعة على المواقع الاجتماعية والمدوّنات ، و يلاحظ اختلاف الشباب عن الجيل السابق من الشيعة بشقّيه **"الشيرازيين"**

و"**نسل الإمام**"، فعلى العكس من الجيل السابق الذي لجأ إلى التفاوض الخفي والهاديء مع الحكومة يقف شباب الشيعة معارضين لهذا النهج الذي لم يرفع التمييز الاجتماعي والاقتصادي والديني الممارس ضدهم.

يحدد الكاتب نشاط مجموعات الشيعة الالكترونية في جبهتين: "**إطلاق المساجين بلا محاكمة**" منذ تفجيرات الخبر 1996 والتي أدت لمقتل 19 مدنياً أمريكيا وشخص سعودي، و"**مناصرة ثورة البحرين**" وهو مطلب دعمه بعض علماء الشيعة كالشيخ نمر النمر والذي هدد في 2009 بانفصال المنطقة الشرقية في خطبة شهيرة، أشار الكاتب لمظاهرات شيعية مستمرة منذ ذلك الوقت بداية بالعوامية مدينة الشيخ النمر وحتى التسارع في الأحداث بعد مشاركة السعودية في كبح ثورات البحرين.

ويتفق الكاتب مع طارق الحميّد الكاتب في **جريدة الشرق الأوسط** حول اختلاف وضع السعودية عن مصر وتونس ولكن لسبب آخر، فهو يرى أن امتلاك السعودية دخلاً هائلاً من النفط مكّنها حالياً، ليس فقط من شراء ولاء وتحالف اللاعبين الأساسيين سياسياً، بل أيضاً امتلاك أفضل أدوات الضبط والاستخبارات والأمن للتحكم في الإعلام الدولي والمحلي. ويعزو الكاتب نجاح السياسي السعودي في احتواء الغضب إلى أمرين أساسيين: مرجعية السعودية الدينية العالية بسبب الحرمين،

واعتمادها على تيار ديني أصولي يشرعن الولاء للسياسي ، وأيضاً تقديم النظام السياسي السعودي كالنظام الوحيد القادر على توحيد الدولة والضامن لتقدمها ورخاءها وسط تيارات محلية قبلية ودينية متأخرة ومتصارعة.

هذا السبب الأخير جمع حول الدولة مجموعة من المفكرين الليبراليين الذين أسماهم الكاتب في تشبيه لطيف "أصدقاء النظام" أو "ريجيم – فريندلي"، حيث قدمت القيادة السعودية مؤخراً حزمة من السياسات التقدمية في جانب مدني غير معتاد من الدولة...

ومن ناحية أخرى يشير الكاتب إلى الاستخدام السياسي لرجال الدين حيث قام المفتي و90 شيخ بتحريم المظاهرات وإصدار البيانات وشارك الإعلام المحلي في رفض يوم الغضب عبر تخوين المنظمين له واتهامهم بتخريب وحدة البلاد ، كما تفادت الدولة غضب الجبهات الأكثر عرضة للثورة من الفقراء والمعدمين كما في مصر وتونس بتقديم مجموعة مزايا مادية مفاجئة... وفي الوقت نفسه ذهبت مجموعة من المكافآت والمزايا للهيئات الدينية بالتزامن مع قرار يمنع نقد كبار العلماء إعلامياً، الحل الأمني كان حاضراً بمحاولة ربط الثورات بالشيعة لتقليل شعبيتها والتحذير من إظهار اي اعتراض ، وأعادت الحكومة أيضا إجراء

الانتخابات البلدية والتي توقفت لعامين ، ومنعت المرأة مؤقتاً من المشاركة إرضاء للتيار الديني وحرصاً على ولائه...

يشبه هذا النظام السياسي الكائن الروماني والبيزنطي الأسطوري "**الصقر**" والذي يرمز برأسيه الاثنتين إلى دولة تحكمها قوتان: "**الديني والمدني**".

المعارضة التي لم تتم

تحت هذا العنوان تساءل الكاتب عن أسباب عدم نجاح مطالب المارضة بالرغم من حشد الجهود للمرة الأولى ، ويرى أن صمت **التيار الصحوي** عن مساندة بيانات الإصلاح لم يكن مفهوماً ، والأغرب أن غالبية أعضاءه عارضت البيانات مع تأكيدهم على مطالب العدالة الاجتماعية والاقتصادية ، ولكن بعيداً عن أي تغيير سياسي ، أما لماذا يركّز الكاتب على الصحويين فلأنه يرى أنهم الأكثر انتشاراً وتنظيماً في السعودية بدليل فوزهم بمعظم المقاعد الانتخابية في البلديات ، وهو يرى لذلك أن لا مستقبل ناجح لأي مطالب للمعارضة بلا دعم من الصحويين السعوديين أو الإخوانيين ، وبالذات في ضوء نجاح النظام السياسي السعودي في احتواء السنّة وكسب تأييدهم وأيضاً احتواء وكسب رموز الشيعة كالشيخ الصفّار وعبد الله الخنيزي ، وكلاهما أصدر بينات لشباب الشيعة بالتوقف عن المظاهرات والمعارضة...

محاور جديدة للحراك السياسي

تحت هذا العنوان يحلل الكاتب أهم محاور المعارضة الجديدة، وهو يؤكد أن فوات فرصة الإصلاح الشامل في مارس جعلت الإصلاحيين أكثر تصميماً على العمل على محاور محددة، وأهمها مشكلة السجناء السياسيين والتي يتفق على وجوب حلها كافة الفصائل السعودية على اختلافها، بما فيهم شيوخ الصحوة حيث تظهر أسماء كثيرة من شباب الصحوة بين المعتقلين، وهو يشير إلى مطالبات إبراهيم السكران ويوسف الأحمد ومواجهتهم للسلطة بحل مشكلة السجناء، كما يشير إلى الاعتصامات المنظمة بشكل دوري بواسطة جمعية الحقوق المدنية والسياسية لأقارب المعتقلين وللنشطاء أمام وزارة الداخلية بالرياض وإصدار البيانات الموقعة من آلاف الأشخاص...

كما يشير الكاتب إلى نداءات المقاطعة الشبابية للانتخابات البلدية لعام 2011 عبر المواقع الاجتماعية والمنظمة عبر 67 مثقف معظمهم من الشباب، على خلفية تدني صلاحيات الأعضاء المنتخبين وتغييب دور النساء. وفي المقابل ذكر مجموعة "شباب جدة للمجلس البلدي" والتي دعت للمشاركة في العملية الانتخابية على محدودية الصلاحيات.

وتحدث عن حملة منال الشريف لقيادة السيارة في يوم 17 يونيو والتي انتهت بقيادة 50 امرأة تقريباً في مختلف مدن المملكة، وهو يرى أن إحياء موضوع قيادة المرأة من جديد كان

مرحّبا به من القيادة السياسية لتسليطه الضوء على المطالبات الاجتماعية بدلا من التغيير السياسي ، ويرى الكاتب أن عقدين من الزمان شهدا تغييراً في مواقف رجال الصحوة من حقوق المرأة مثل محمد الأحمري وقيس المبارك من هيئة كبار العلماء ، لذلك يرى الكاتب أن الخطوط الفاصلة بين التيارات قد أزاحها الحراك النسوي...

على أني شخصياً لم أر تقدماً يذكر على موضوع القيادة أو الحقوق الأساسية للنساء إلا أن زيادة الوعي بالحراك النسائي وفرضه كأجندة هامة سياسيا واجتماعياً كان من أفضل المكاسب الحملات النسوية...

يلخّص الكاتب سياسة المملكة في مواجهة المعارضة بأنها مؤقتة ولن تصلح على المدى الطويل ، فموارد الدولة المادية والرمزية لها حدود ، وبالتالي فسياسة شراء الولاء والصمت لن تصلح كحل دائم أو في حال تدني أسعار النفط مثلاً ، كما أن استحواذ سلطة التشريع الديني وخاصة مع منع الفتوى مؤخراً لا يمكن استقراره ، ويشير إلى محاولات العلماء المستقلين تجاوز وتحدّي التشريعات الدينية الرسمية ، كما أن نمو الناشطين الشباب المستخدمين للإعلام والتكونولوجيا لمكافحة الرقابة الرسمية يزداد...

ويرى الكاتب أن أهم العوامل في المعارضة هو مشاركة رموز الصحوة كسلمان العودة في بيانات الإصلاح وعلى الأخص في مسألة السجناء السياسيين التي توحّد الجميع...

ويقرأ الكاتب مستقبل القيادة السياسية عند انتقالها إلى الجيل الثاني من الأمراء الأصغر سناً من الجيل الحالي ، و الذي تتراوح أعمارهم ما بين 88 للملك وحتى 66 عاما للأمير مقرن رئيس الاستخبارات العامة ، حيث يصعب الاستمرار الأفقي في انتقال القيادة السياسية بالرغم من هيئة البيعة التي أنشأها الملك مؤخراً ، هناك مئات الأمراء من الجيل الثاني ومن فروع مختلفة ، ويرى الكاتب أن أحد هذه الفروع سينجح بالنهاية في فرض نفسه وسلالته على القيادة السياسية وتحويلها لنظام أبوي متوارث بدلاً من النظام الأفقي ، وهو ما سيجعل التنافس على المناصب السياسية أكثر حدة في العقود القادمة ، وسيخلق فرصة للإصلاحيين النشطين حيث ستبحث هذه الفروع الملكية عن دعم الناشطين الأكثر تأثيراً لتثبيت مكانتها السياسية في هذا التنافس ولكي تصنع تحالفات جديدة ، يفيد الكاتب أن هذا السيناريو اقترحه أحد الإصلاحين الشباب وأنه سيكون الطريقة الأكثر انسيابية لحدوث التغيير السياسي ، ويرى الناشط الشاب أنه في حال عدم حدوث ذلك فستدخل الدولة في 30 عاماً أخرى

من الديكتاتورية حتى يتفجر الوضع ويقول "ليكن الله في عوننا عندما يحدث ذلك"...([6])

دعاة التعايش والتقريب في وطننا.. الشيخ الصفار أنموذجاً

حسين أحمد زين الدين

من الواضح أن الحلقة التي جمعت الشيخ الصفار بالشيخ البريك في قناة الدليل ضمن برنامجها "البيان التالي" الذي يديره الأستاذ عبد العزيز قاسم، لم تسير وفق ما اتفق عليه قبل بدء البرنامج في قضية هي من أكبر القضايا الوطنية حساسية، لما لها اثر على السلم الاجتماعي والاستقرار الأمني والسياسي في وطننا.

([6]) هل السعودية محصّنة؟ مقال لستيفان لاكروا – هالة الدوسري – مدونة الكاتبة هالة الدوسري – 19/ 10/ 2011 – الرابط:

https://halahayat.wordpress.com/2011/10/19/%D9%87%D9
%84-
%D8%A7%D9%84%D8%B3%D8%B9%D9%88%D8%AF%D9%8A
%D8%A9-
%D9%85%D8%AD%D8%B5%D9%91%D9%86%D8%A9%D8%9F-
%D9%85%D9%82%D8%A7%D9%84-
%D9%84%D8%B3%D8%AA%D9%8A%D9%81%D8%A7%D9%86-
%D9%84%D8%A7%D9%83%D8%B1/

لا مناص من أن قضية التعايش السلمي ، وضرورة التقارب بين السنة والشيعة في وطننا ، على أساس حقيقة **"الوطن للجميع بلا تمييز"** كما أعلن خادم الحرمين الشريفين وأكد عليه في كلمته بمجلس الشورى ، وذلك كله كان المحور الرئيسي المسطر للحلقة ، إلا أن البعد بها عن مسارها الطبيعي ، وإدخالها في حسابات أخرى ، ودهاليز ضيقة ، خصوصا مداخلة كل من الشيخ القرني والدكتور السعيدي التي اتسمت بالحدية وعدم الالتزام بجوهر الموضوع.

وبحسب العنوان المعنون لهذه الحلقة: **"الوطن للجميع"** ، يظهر لنا كجمهور متابع ومترقب لهذا اللقاء ، أنه لن يكون كنظيراته من اللقاءات في البرامج التلفزيونية الأخرى ، وذلك بشهادة صاحبه ، حين قال قبل اللقاء عن حلقته: **"سيلتقي فيها الشيخ حسن الصفار والشيخ سعد البريك وجها لوجه، في حلقة أتوقع أن تكون الأسخن على الإطلاق بسبب موضوعها الذي عنون له بـ"الوطن للجميع"**" ، إلا أن هذا اللقاء لم يفارق في طريقة إدارته ومنهجيته حلقات البرامج الجدالية السلبية الأخرى ، ناهيك عن هيستريا الانغماس والانشغال بالموضوعات التاريخية المذهبية والسجالات الطائفية التي تثير الفتن وتسيء لرموز وشخصيات يحترمها الآخر.

للأسف لقد حاول الشيخ البراك في كثير من المواقف الخروج عن الموضوع الجوهري الذي ترتكز عليه أساساً الحلقة ، بالحديث والانشغال بالمواضيع الحساسة والمشبعة بالهوس التاريخي كما في كثير من البرامج الأخرى ، مثل قضايا تحريف القرآن وسب الصحابة والتشكيك في ولاء الشيعة لأوطانهم والتبشير الشيعي في بلاد السُّنّة ، وهذه سامفونيا طائفية ، اعتاد السنة سماعها قبل الشيعة ، وهو أمر لم ينته ولن ينتهي – في تصوري – إذا أحجرنا عن عقولنا سماحة الإسلام وقيمه ، وإذا لم نزل عن قبعة تفكيرنا تلك الصورة القاتمة الراسخة في جذور تراثنا الديني والثقافي ، وننهي كل أشكال وأسباب التوترات المذهبية والطائفية ، بالعمل على تعزيز مفهوم المواطنة وإرساء ثقافة العيش المشترك ، والبعد عن كل ما يعكر صفو العلاقات بين مكونات مجتمعنا السعودي.

ومما لا شك فيه أن ذلك لن يتحقق إلا من خلال مبادرات جادة من كل الأطراف المشتركة في الوطن والمواطنة ، تؤسس للقاء بين الطوائف تحت سقف الوطن للجميع وبلغة الوطن الجامعة لا المشتتة ، الأمر الذي حاول الشيخ الصفار التأكيد عليه في الحلقة بقوله أنه: **"لم يأتِ سوى للحديث عن التعايش والمواطنة"**.

والجدير بالإشارة أن ما قاله الشيخ الصفار ليس تسليماً لما ذهب إليه الشيخ البراك أو هروباً مما أدلى به الشيخان السعيدي والقرني من مسائل مشوشة ومستهلكة في العديد من البرامج واللقاءات الأخرى ، وسبق للشيخ وغيره من الشيعة الرد عليها ، بل كانت من حكمة الشيخ الصفار وحنكته ، أنه ركز في عدم ترك هذا اللقاء ، يشكل آثاراً سلبية على كل الجهود الرامية في التقارب والتواصل بين مختلف المكونات المذهبية في المجتمع السعودي ، بخاصة لو أردنا استحضار جهوده الساعية إلى تقوية اللحمة الوطنية وتقريب المسافات بين الفرقاء التي نجدها في خطاباته المتعددة ومؤلفاته المتنوعة وفي علاقاته المختلفة مع أبناء الوطن.

ومما لا يخفى على نبيه أو عارف بشخصية العلامة الشيخ الصفار ، أن سعادته يؤمن بمشروع وطني يتسم بالاندماج والانفتاح على الآخر والعيش معه ، وذلك جلي في رسالته الواضحة ودعوته الصادقة إلى "**وثيقة التعايش الطائفي**" التي كشف عن بنودها في إحدى خطبه ، وتضمنت وقف التكفير وتجريم الإساءات الطائفية ورفع التمييز وتعزيز وحدة الأمة.

اعتقد أن هذه البنود كانت واضحة وهي لا تحتاج إلى المزايدات والتأويلات المفضية لما لا يخدم مصلحة الوطن أو الطوائف فيه ، حتى يأتي كل من أراد الحوار أو التقارب مع الشيعة

إعادة طرحها ، وإن كانت بقوالب مختلفة ، ولا أعرف لماذا كل هذه التهريج الإعلامي والتوجس الديني من الشيعة ؟

والجميل أن الشيخ الصفار يرى أن التعايش حاجة إنسانية ومصلحة وطنية ، والإيمان بها يقتضي من كل المكونات إعادة صياغة علاقتها بأفكارها وقناعاتها العامة ، والانفتاح والتواصل على مختلف المكونات من أجل صياغة علاقة تفاعلية حضارية في بناء وطن جامع للجميع. كما يذكر الشيخ الصفار في كتابه: **"نحو علاقة أفضل بين السلفيين والشيعة"** ، ص 51: **"فالتعايش هو الخيار المنطقي الصحيح، ولا بديل عنه إلا التفريط بمصلحة الوطن، وتمزيق وحدة الأمة، ومساعدة الأعداء على نيل أطماعهم ومآربهم"** ، ويشير في نفس الكتاب إلى أنموذج للتقارب العلامة الشيخ محمد مهدي شمس الدين وعالم الحديث الشيخ زهير الشاويش ، حيث اتسم التقارب بأخوة لا مثيل لها.

وفي كتاب **"المذهب والوطن"** ص 175 ، يقول: **"الاندماج الوطني قضية ملحة، يجب أن يبذل كل الواعين أقصى جهودهم من اجل خدمتها وتحقيقها، فهذا الوطن الواسع الكبير، الذي تحققت وحدته وقام كيانه على يد المؤسس الملك عبد العزيز رحمه الله، يضم مناطق عديدة، ومجتمعات مختلفة في بعض خصائصها الجانبية، وإن كانت تنتمي لأصول عربية واحدة، ولدين واحد، هو الإسلام والحمد لله"**.

وخلاصة القول: إن العلامة الشيخ الصفار يمثل رائداً لمشروع وطني تحكمه منظومة من القيم كالتسامح والحوار واحترام الآخر والمساواة وإلى كل مايؤكد على التعايش ونبذ العصبية والتطرف ، وهو احد الطلائع الشيعية الداعية إلى الوحدة ونشر ثقافة التسامح وقيم الحوار في فضاءات وطننا ، من أمثال الدكتور توفيق السيف والشيخ محمد المحفوظ والشيخ زكي الميلاد والسيد حسن النمر والشيخ على المحسن والأستاذ نجيب الخنيزي والشيخ علي بوخمسين والأستاذة امتثال أبو السعود والأستاذة فوزية الهاني والأستاذة عالية فريد والأستاذة صباح عباس والقائمة تطول.

ومسك الختام مقتطفة من مقولة لمقدم الحلقة عبد العزيز قاسم من مقالته بجريدة الوطن بعنوان: "**قطار التعايش.. متى ينطلق لإخماد شرارة الطائفية ؟**" يقول القاسم: "**لا حل أبداً لهذه المعضلة الطائفية إلا بما طرحه الشيخ حسن الصفار قبلاً بضرورة إقرار وثيقة للتعايش الطائفي، وسنِّ قانون يجرِّم المساس بالرموز الطائفية**"...(7)

---

(7) دعاة التعايش والتقريب في وطننا.. الشيخ الصفار أنموذجاً - حسين أحمد زين الدين – مقال – شبكة صفوي الإخبارية – 9/ 4/ 2010 – الرابط:

http://www.safwanews.com/index.php?show=news&action=article&i d=5657

زعيم الشيعة في السعودية الشيخ الصفار لـ"العربية. نت":

نريد وزيراً شيعياً

دبي – نبيل عمار

في مقابلة صحفية مطولة أجرتها معه "العربية. نت".. طالب رجل الدين الشيعي السعودي الشيخ "حسن الصفار" القيادة السعودية بتعيين وزراء من الشيعة في الحكومة، مؤكداً أن تحسناً كبيراً طرأ على أحوال الطائفة، ونفى أن يكون للشيعة السعوديين ارتباطاً سياسياً بإيران، ودعا إلى تجاوز التراكمات التاريخية للوصول إلى صيغة تقارب بين المذهبين السني والشيعي.

والشيخ "الصفار" الذي عاش فترة كمعارض سياسي في الخارج يعد القيادي الأبرز بين صفوف الشيعة في السعودية، وقد اختار في لحظة استراتيجية فتح باب الحوار مع الحكومة السعودية والتخلي عن المعارضة الخارجية التي كثيراً ما توصم بالارتباط بالقوى الأجنبية، فكانت عودته إلى البلاد قبل سنوات إحدى ثمرات سياسة "الحوار" التي أطلقتها الحكومة السعودية مع

طوائف الشعب المختلفة ، وسجلت هذه العودة إطلاقاً لعدد من الإجراءات التي استهدفت تحسين أوضاع الطائفة الشيعية في السعودية ، وهو الأمر الذي اخترت أن أبدأ منه هذا الحوار معه.

كنت مشغول البال تماما بشخصية رجل الدين الشيعي الشيخ حسن الصفار لدرجة أننا بلغنا مدينة القطيف من دون أن أتجاذب أطراف الحديث مع صديقي الذي رافقني إليه. تبعد القطيف حوالي 40 كيلومتراً عن الدمام ، وهي مدينة بحرية في غاية النظافة والهدوء. البيوت هنا لا تزيد في الغالب عن طوابق ثلاثة ، وتعيش المدينة أجواء حميمية بفضل تعارف جميع سكانها ووشائجهم الأسرية القوية. يسري عبق التاريخ في جنبات المدينة الوادعة ، حيث كانت حاضرة لحضارة قديمة تدعى **"دلمون"**.

ويقع منزل الشيخ حسن الصفار المتواضع مواجها لإشراقة الشمس بوسط القطيف ويتكون من دورين ، مكتبه ملحق بالدور السفلي بمدخل خاص عن مدخل العائلة. لون الحوائط قريب من اللون الطيني ، وبمجرد دخولك إلى البيت عبر البوابة الزجاجية يضفي الاستقبال الدافئ الذي يحفك به مساعدو الشيخ الصفار ومنسوبو مكتبه الخاص طقساً خاصاً ينقلك إلى أجواء حوار من نوع مغاير. انتظرنا في قاعة فسيحة وبعد دقائق أتي الشيخ الصفار وعلى وجهه ابتسامة لم تخف طلعته الوقورة بلباسه المميز المكون من العمامة والجبة.

في مبتدأ حواري مع الصفار سألته عن أوضاع الشيعة في السعودية ، فأجاب:

"هناك تغيرات واضحة طرأت على أوضاع الشيعة في السعودية منذ 1994، فالحوار الذي جرى بيننا وبين الحكومة قاد لإنهاء عملنا السياسي والإعلامي المعارض للحكومة في الخارج وعدنا للمملكة لينفتح الباب أمام حوارات مباشرة مع المسؤولين من أجل معالجة المشاكل، وإلى غاية الآن لم تعالج كل الأمور ولكن لا زال التواصل قائماً".

ويعتبر الصفار أن المشكلة التي ما زالت قائمة هي أنه على الرغم من أن المواطنين في المملكة كلهم مسلمون متساوون في الحقوق والواجبات بحسب النظام الأساسي للحكم وما يصرح به المسؤولون في البلاد ، إلا أن هناك بعض ممارسات التمييز الطائفي ضد الشيعة التي ما زالت تمارس من قبل بعض الجهات أو الأشخاص وهي تسبب شعوراً لدى المواطنين الشيعة بأنهم لا يحظون بنفس الفرص والامتيازات التي يتمتع بها غيرهم من المواطنين.

<u>- في هذا السياق سألته هل طالبتم فعلا ولي العهد السعودي بتعيين وزير شيعي؟</u>

- نعم.. فالمفروض أن يتم تعيين الوزراء بناءً على كفاءاتهم ولا أعتقد أن المواطنين الشيعة يقلون عن غيرهم في الكفاءات

والقدرات. لذلك نتطلع إلى أن يشارك المواطنون الشيعة —
حسب نسبتهم — في خدمة وطنهم على كافة المستويات
والأصعدة وقد أشارت وثيقة **"شركاء في الوطن"** التي قدمها
الشيعة إلى ولي العهد لهذه المسألة.

ولكن الشيخ الصفار عبر عن رفضه لأية فكرة تهدف لإجراء
إحصاء رسمي للشيعة في السعودية مبرراً ذلك بقوله: **"إننا لا
نرغب في تصنيف المواطنين طائفياً فكلنا مواطنون مسلمون
ولا ينبغي أن يكون التنوع المذهبي سبباً للفرز".**

ويرى الشيخ الصفار أن التغييرات التي طرأت حتى الآن
على أوضاع الشيعة في السعودية ليست مملاة من الخارج، مؤكداً
أن **"القرارات التي ترتبط بالشأن الداخلي في المملكة تتخذها
القيادة السياسية بناءاً على معادلة الوضع الداخلي، لكن في
الجانب الآخر تؤثر الأوضاع السياسية الدولية والإقليمية على
الشأن الداخلي في كل المجتمعات، فحينما تكون هناك حرب
ملتهبة في المنطقة كالحرب العراقية الإيرانية، فإنها تترك آثارا
على أوضاع المنطقة كلها، وحينما يتم غزو دولة من دول
المنطقة لإلغائها من الخارطة وإنهاء وجودها السياسي
كالاحتلال العراقي للكويت وما جرى من نتائجه وآثاره، لا شك
أن لذلك آثاراً وانعكاسات. وهكذا الأمر بالنسبة للتطورات
الأخيرة في العراق وعلى المستوى العالمي.. هذه الأوضاع

السياسية تترك آثارها وبصماتها أما القرار السيادي فهو داخلي محض".

ويكشف الشيخ الصفار عن تقييمه لمؤتمرات الحوار الوطني التي عقدت في الرياض ومكة — وهي اللقاءات التي شارك في فعالياتها — معتبراً أنها حققت مكاسب كبيرة أولها يتمثل في التعارف والتواصل بين القوى والتيارات الموجودة في المجتمع السعودي علاوة على المصارحة والمكاشفة، أما المكسب الثاني فيتعلق — في نظره — بتوفر فرص إعلامية لم تكن متوفرة سابقاً للقوى السياسية المختلفة، ويقول إن "**الإعلام الرسمي في السعودية كان ذا اتجاه واحد ورأي واحد، ولكن الفرص أصبحت متاحة أكثر من ذي قبل بعد الحوار الوطني**".

ويرى الصفار أن القطيعة التي ألقت بظلالها على الأطراف السعودية تبددت إلى حد كبير بانعقاد مؤتمرات الحوار التي أفضت إلى توصيات مهمة تتمثل — حسب رأيه — في "**التوصية بالإسراع في الإصلاح السياسي بحيث يكون هناك فصل بين السلطات الثلاث، وأن يتم اختيار أعضاء مجلس الشورى بالانتخاب وليس بالتعيين، وترشيد إنفاق المال العام ومحاولة الحد من عجز الميزانية فضلا عن الاعتراف بالتنوع الفكري والمذهبي، وإعطاء فرص للجميع على مستوى الوطن، بالإضافة إلى احترام حقوق المواطنة وغض النظر عن التمايز المذهبي**

والفكري والاهتمام بموضوع المرأة، وإعطاء مجال للتجمعات المدنية وتوسيع رقعة التعبير عن الرأي".

ولكن فعاليات مؤتمرات الحوار لم تخل من تشنجات ضارة يعتبرها الصفار "نتيجة ركام من خلافات لا يمكن أن تزول بين عشية وضحاها وتحتاج إلي وقت وجهد، لافتاً إلى أن هناك متطرفين في مختلف المذاهب والطوائف، وهؤلاء المطرفون "**لن يدعوا مسيرة الحوار تسير بهدوء وتشق طريقها وسيثيرون اشكالات ويحيطون المؤتمرات بشبهات بهدف عرقلتها**".

وقال الصفار إن ضغط التيارات يشكل عنصراً حاضراً، وأن هذه الضغوط تترتب على كل مشارك حسب تياره، ولم يستثن من ذلك الطائفة الشيعية التي قال إنها تمارس عليه ضغوطاً، كما تمارس ضغوطاً على آخرين من التيار السني، لكنه لم يخف تطلعاته أن تكون النخبة المتحاورة في مستوى تحدي الارتقاء بجماهيرها وتياراتها وليس الانحدار معها.

سألت الشيخ حسن الصفار:

- ما هي ملامح الإصلاح السياسي الذي تسعى له ؟

- نحن نسعى إلي مشروع إصلاحي شامل، وأبرز ما فيه أمران، الأول: توسيع رقعة المشاركة الشعبية في القرار السياسي عبر الانتخابات والحريات على النمط الديموقراطي الموجود في

دول العالم بحيث لا يكون القرار السياسي محدوداً بفئة معينة ، والثاني: حرية التجمعات والنشاط المدني بأن تكون هناك جمعيات سياسية وثقافية واجتماعية ، ومؤسسات أهلية مدنية. إذا توفر هذان الأمران فإن ذلك سيعني أننا نسير على طريق الإصلاح.

- ولكن جزءا من مبررات الشك في أطروحات الأقلية الشيعية يعود إلى إفراطها في استخدام مبدأ "التقية" وإظهار غير ما تضمره، فهل يمكن تجاوز هذا المبدأ؟

- التقية مبدأ إسلامي أثبته القرآن الكريم ، وقد اختلف العلماء حولها ، هل تكون من الكافر الظالم فقط ؟ أم من المسلم الجائر أيضاً ؟ وكثير من فقهاء المسلمين سنة وشيعة يرون جواز التقية عند خوف الضرر سواء كان صادراً من ظالم كافر أو مسلم ، ولذلك لا بد من رفع الضغوط عن الشيعة ليمارسوا شعائرهم ويطرحوا آراءهم بكل حرية ووضوح وعندها لا يكون هناك داع للتقية ؛ فهي ليست أصلاً ولا هواية ولا أمراً محبباً ، لكنها علاج لحالة استثنائية ، وأمر اضطراري بسبب الموانع والضغوط وتزول حين تزول مسبباتها. إن المسلم الشيعي قد يصعب عليه أن يمارس صلاته حسب مذهبه في بعض الأحيان كأن يسبل يديه أو يضع حجراً يسجد عليه لعدم جواز السجود على غير الأرض وما أنبتت غير المأكول والملبوس عند الشيعة. فماذا يفعل الشيعي تجاه مثل هذه الحالة ؟ هل يترك الصلاة ؟ أم يصطدم مع إخوانه

المسلمين الذين يصادرون حريته العبادية ؟ أم يمارس التقية منعاً للتوتر والنزاع ؟!.

وتنقلنا الإجابة الأخيرة للشيخ الصفار إلى قضية التعايش بين السنة والشيعة في المجتمع السعودي ، سألته:

تلمح إلى صعوبات في التعامل بين السنة والشيعة، فهل ترى إمكانية للتعايش في ضوء التراكمات التاريخية الطويلة التي تسبب نوعا من التصادم؟

- المشكلة أن هناك تضخيماً في مسألة الثوابت العقائدية ، فليست هناك مشكلة عقدية تمنع من التعاون حتى لو كانت هناك قضايا مختلف عليها في فروع أصول العقيدة ، ما دمنا نتفق على التوحيد وعلى النبوة والميعاد ومرجعية الكتاب والسنة وأركان الدين الأساسية تبقى الفروع قضايا جزئية ، سواء جزئية في العقائد أو في الفقه.

في كل مرة يجري الكلام عن التعايش أو التعاون ، يبرز من يقول لا تنازل عن ثوابت الأمة العقدية ، وهذا في نظري "تهويل"، فالتعايش والتعاون لا يعني أن يتنازل أحد الطرفين عن ثوابته. كل طرف يتمسك بقناعاته وأفكاره، المطلوب التنازل عن شيء واحد فقط وهو ما يسيء إلي الطرف الآخر ، فلتكن للشيعي كل معتقداته وقناعاته ، ولكن ليس مقبولا منه أن تصدر منه إساءة للطرف السني الذي هو شريكه في الدين وفي الوطن وفي

المصلحة العامة والعكس كذلك. هذا هو الأمر الوحيد الذي يجب أن نتفق عليه وهو كف الإساءة والاعتداء من أي طرف على الآخر.

- ولكن موقفكم من الصحابة وبخاصة من عمر بن الخطاب يعد عنصراً رئيساً في الخلاف السني الشيعي، كيف سيتأسس حوار أو تعايش في ضوء خلاف كهذا ؟".

- ليس شرطاً لحسن العلاقة بين السنة والشيعة أن يتنازل أي طرف عن رأيه وقناعته. للشيعة رؤية عن موضوع الخلافة والإمامة ، وأنها تكون بالنص من الرسول (ص)، ولديهم أدلتهم التي يرونها ملزمة بالإيمان بذلك ، ولا يجدون أنه يمكنهم التنازل عما ثبت لديهم بالأدلة العقلية والشرعية. أصبح موضوع الخلافة والخلفاء قضية تاريخية ، فلماذا يكون عقبة في طريق الأمة في عصرها الحاضر ، بحيث ينشغل الشيعة بإثبات رأيهم ، أو يحرص السنة على تغيير رأي الشيعة فيه ؟ لسنا مخيرين الآن بين خلافة أبي بكر وخلافة علي حتى نهتم بإقناع بعضنا بعضاً بأحد الخيارين ، لكننا على مفترق طرق فيما يرتبط بوجودنا وكرامتنا في هذا العالم بين أن نكون أولا نكون.

- لكن ترد إشارات في كتب الشيعة تحمل إساءة لخلفاء وعلماء سنيين، فكيف تنظر إلى الأمر؟

- في كتب التراث السني والشيعي انعكاس لحالات الخلاف والتشنج المذهبي، وهي تعبر عن أراء أصحابها، كما أنها نتاج لبيئاتهم وعصورهم، فلماذا نكون أسرى لكتب التراث.

ويضيف الشيخ الصفار: "لماذا يحاكم بعضنا بعضاً على ما ورد في كتب أسلافه؟ علينا أن نقرر تجاوز هذا الجانب المظلم السلبي من تراثنا سنة وشيعة، ونركز على الجانب المضيء الإيجابي منه الذي يساعدنا على إصلاح أمورنا ومعالجة مشاكلنا وتدعيم وحدتنا وألفتنا". "مقولات التجريح والطعن والسب والشتم لا تقتصر على بعض كتب التراث الشيعي، فهي موجودة في بعض كتب التراث السني، فكتاب (السنة) لعبد الله بن الإمام أحمد بن حنبل (213 – 290هـ) – على سبيل المثال – فيه فصل كامل يبلغ 50 صفحة في ذم الإمام أبي حنيفة واستحباب بغضه ووصفه بالكفر والزندقة واتهامه بأبشع التهم، فهل يعني ذلك أن يحصل النزاع والخلاف الآن بين الأحناف والحنابلة؟ وكذلك لو راجعت كتاب طبقات الشافعية لوجدت فيه نقلاً كثيراً لتجريح وخصومات بين علماء الحنابلة والشافعية، وفي كتب الشيخ ابن تيمية كلام عنيف ضد الشيعة وضد علمائهم وزعمائهم، فهل نعيش آثار هذه المعارك الموجودة في كتب التراث الشيعي والسني، ونتخذ المواقف من بعضنا البعض على أساسها؟".

- في ضوء كل تلك الخلافات الحادة هل ترى أن الفكرة التي تطرحها حول حوار المذاهب الإسلامية والتقريب بينها يمكن تحقيقها حالياً؟

- المشكلة واحدة. وهي تنحصر في عقلية قبول الآخر والرأي الآخر ، فنحن تربينا على الأحادية ، وعلى رفض الرأي الآخر. ضخت لنا ثقافة بهذا الاتجاه. نرفض التعددية ولا نقبلها. ونمارس الرفض في مختلف الدوائر ، القريبة والبعيدة ، بينما القرآن يوجهنا إلى أن نقبل الرأي الآخر المخالف لنا في الدين ، فيقول تعالى: "**إِنَّ الَّذِينَ آمَنُوا وَالَّذِينَ هَادُوا وَالصَّابِئِينَ وَالنَّصَارَى وَالْمَجُوسَ وَالَّذِينَ أَشْرَكُوا إِنَّ اللَّهَ يَفْصِلُ بَيْنَهُمْ يَوْمَ الْقِيَامَةِ إِنَّ اللَّهَ عَلَى كُلِّ شَيْءٍ شَهِيدٌ**". الآية تذكر ست ديانات كاعتراف بوجودها في الواقع الخارجي. أما من حيث الصواب والحق فإن الدين عند الله هو الإسلام. بل أن القرآن يخاطب الديانتين المنافستين بأهل الكتاب وهذا اسم للاحترام. وكان الرسول صلى الله عليه وآله وسلم يقبل بوجود النصارى واليهود كأمر واقع مع قوله إن الدين عند الله الإسلام. ولكن في الواقع الحياتي كان يقبل وجود الآخرين. والحديث المشهور موجود في صحيح البخاري وفي رسائل الشيعة إن الرسول كان جالساً فمرت جنازة فقام وقام الأصحاب وقالوا يا رسول الله إنها جنازة يهودي. قال أو ليست نفسا. هكذا كان يتعامل نبينا. ونحن كيف نتعامل فيما بينا. يقول

القرآن (لقد كرمنا بني آدم) لم يقل المسلمين ، لأن التكريم الإلهي للإنسان بعنوانه الإنساني بغض النظر عن العناوين الأخرى.

- ولكنك شخصيا متهم بالأحادية ورفض الآخر ، وهناك مواقع على الإنترنت تنشر أحاديث لك تهاجم فيها المذاهب الأخرى ، فكيف ينجح الحوار والتقريب إذن ؟

- يبدو أن هناك جهات تزعجها مبادرات الوحدة والتآلف وجهود التقريب بين المسلمين ، وتسيطر عليها حالة من التشنج الطائفي ، لذلك تسعى إلى افتعال ما يشكك في صدقية هذه المبادرات والجهود ، وليس صعباً دبلجة بعض الأشرطة والتسجيلات وإقحام شيء من العبارات فيها ، ويهمني أن أشير هنا إلى ما هو معروف من أنني كنت أعيش ضمن وضع معارضة سياسية في الثمانينيات ، وكانت المنطقة آنذاك تعيش تشنجاً سياسياً طائفياً بعد انتصار الثورة الإسلامية في إيران وأثناء الحرب العراقية الإيرانية ، وقد تكون بعض خطاباتي في تلك المرحلة ، ذات طابع تعبوي في الاتجاه السياسي والمذهبي.

ويضيف الصفار: ثم أدركت مبكراً ضرورة تجاوز مثل هذه التوجهات ، واعتماد منطق الاعتدال والتسامح والحوار والعمل البناء لمعالجة مشكلة الخلاف والتمييز الطائفي ، وأعلنت عن هذه التحولات الفكرية والسياسية في وقتها وكنت خارج الوطن. وتغيرت لغة خطابي السياسي والديني ، تبعاً لتغير قناعاتي ،

وأعقب ذلك حواري مع الحكومة وعودتي إلى الوطن بحمد الله ، وقد صدر لي في هذا السياق في 1989 كتاب بعنوان: **"التعددية والحرية في الإسلام: بحث حول حرية المعتقد وتعدد المذاهب"**، أعقبته كتب أخرى في سنوات لاحقة ككتاب: **"التنوع والتعايش"**، وكتاب: **"التسامح وثقافة الاختلاف"**، وكتاب: **"رؤية حول السجال المذهبي"**، وكتاب: **"السلم الاجتماعي مقوماته وحمايته"**، كما ألقيت خطابات كثيرة في جمهور المواطنين الشيعة في المملكة موجودة على موقعي في شبكة الإنترنت تبشّر بتوجهات الاعتدال والتسامح والتقريب، وهي تعبر عن قناعات نؤمن بها ونعمل من أجلها، لكن بعض المغرضين يبحثون عن كلمات قيلت في التعبئة السياسية والمذهبية من مرحلة سابقة، وضمن توجهات تجاوزناها فكرياً وعملياً، من أجل تشويه الصورة وتعويق مسيرة الوحدة والانفتاح.

- في ضوء ما سبق.. هل ترى الطائفية عاملاً إيجابياً في تكوين المواطنة أم تعدها عنصراً سالباً؟

- الطائفية خطر على كل وطن أو شعب يبتلى بها، لأنها أولاً، تضعف الوحدة الوطنية، وتجعل الناس يفكرون ككيانات قلقة من بعضها البعض، بدل أن ينظروا لأنفسهم كياناً واحداً، ثانياً تخلق أرضية النزاع والاحتراب الداخلي، ثالثاً يحرم الوطن من الاستفادة من الكفاءات الحقيقية لبعض أبنائه حينما يهمش

دورهم ضمن المعادلة الطائفية ، رابعاً تعطي الفرصة للأعداء للعب بهذه الورقة ضد مصلحة الوطن.

- إذن كيف يتم إيجاد آليات مناسبة لحوار مذهبي يؤدي إلى الوحدة ويقضي على الطائفية ؟

- الآليات السليمة للحوار المذهبي تتمثل في الاتفاق على مبادئ للتعايش والتعاون ضمن مصلحة الأمة والوطن والبحث في القواسم المشتركة ومناطق الاتفاق والتأكيد عليها والانطلاق منها بوصفها الآليات السليمة للحوار المذهبي فضلا عن الحوار حول القضايا المختلف فيها لمعرفة أدلة كل طرف ومستندات آرائه ، بعيداً عن التقولات والتفسيرات الخاطئة ، وأخيراً دراسة التحديات المعاصرة التي تواجه الإسلام والأمة وتقديم الحلول الفكرية والتشريعية لها بالاستفادة من اجتهادات مختلف المذاهب.

وكان ضرورياً أن نعرج على مسألة تثار من حين لآخر حول ارتباط الشيعة السعوديين بإيران وتأثير هذا الارتباط – في حال وجوده – على ولاءات الشيعة في السعودية ، سألته عن ذلك فقال:

تاريخياً لم تكن للشيعة في السعودية علاقة مع إيران حتى على المستوى المذهبي إذ كانت المرجعية التي يرجع إليها المواطنون الشيعة في السعودية موجودة في العراق. ولكن بسبب القمع في العراق انتقل كثير من العلماء والمرجعيات الدينية إلى

إيران وبالتالي حصل ارتباط في ناحية الفتاوى والثقافة الدينية. من جهة أخرى كانت إيران في ظل نظام الشاه موالية للغرب ومؤيدة لإسرائيل ، ولما سقط هذا النظام تفاعل مع هذا التغيير ليس الشيعة فحسب ، بل المسلمون في مختلف البلدان الإسلامية. لكن ليس هناك ارتباط سياسي بين الشيعة في السعودية والشيعة في إيران. فالشيعة في السعودية جزء من وطنهم وولاؤهم لهذا الوطن ويخضع الجمهور الشيعي هنا لعلماء الشيعة الموجودين داخل السعودية.

- ولكن لا يوجد مرجع ديني للشيعة في السعودية ؟

- هذا سيحدث إذا توفرت حركة علمية للشيعة في المملكة لأن ذلك سيؤدي إلى وجود مرجعية دينية محلية كما كان في الماضي قبل حوالي نصف قرن هذا جانب ، أما الجانب الآخر فهو أن الارتباط العلمي والديني لا تحده الجغرافيا والحدود السياسية عند جميع الأديان والمذاهب ، فهناك بعض المسلمين "السنة" في العالم كانوا يأخذون بفتاوى الشيخ عبد العزيز بن باز في المملكة فهل كان ذلك مخلاً بانتمائهم وولائهم الوطني؟ وبالمثل هناك كثير من المسلمين من خارج مصر يأخذون بآراء وفتاوى الجامع الأزهر وليس ذلك منافياً لوطنيتهم.

- وماذا عن علاقتكم بالقوى الشيعية الأخرى في العراق وسوريا؟

- نحن نؤمن بضرورة التواصل مع كل القوى الإسلامية شيعة وسنة، ولدى الشيعة في السعودية علاقات وانفتاح على الشخصيات والعلماء المسلمين في الكويت والبحرين ولبنان والعراق وإيران وغيرها وهي علاقات تتعدى الإطار المذهبي الطائفي لتنبني على أساس التعاون على البر والتقوى والتعاون بالجهود الثقافية المعرفية.

- وإذا كانت الفتنة مأمونة فلماذا إذن — بتصورك — لا زالت الكتب الشيعية تمنع في السعودية ؟"

- لا أرى مبرراً مقبولاً لمنع الكتب الشيعية في المملكة، فما يثير الفتنة يمنع سواء كان كتاباً شيعياً أو سنياً أما الكتب العلمية والفكرية التي تعرض رأي الشيعة العقدي والفقهي وغيره فلا مبرر لمنعها، وسبب المنع هو الهيمنة الأحادية لرأي مذهبي واحد لعله يخشى من تأثير الآراء الأخرى أو قوة منطقها.

ويقيم الشيخ الصفار المشهد العراقي في جزئيته المتعلقة باحتمال نشوب صراع مذهبي بأنه **"مشهد يبعث على التفاؤل لأن الشعب العراقي إلى غاية الآن أثبت نضجا بتلافيه الفتنة الطائفية على الرغم من أن الأحداث التي وقعت كانت كبيرة بدءاً من استشهاد السيد الحكيم وما حدث في كربلاء والكاظمية يوم عاشوراء، وما حصل في بغداد من اغتيال أئمة السنة. هذه الأحداث — كما يقول — كانت تؤهل لتفجير فتنة**

طائفية خصوصا في ظرف كالظرف العراقي، لكن الشعب العراقي وقياداته أبدوا نضجاً وتجاوزوا الأحداث. ونأمل أن تستمر هذه الحالة في العراق وتكون قدوة لبقية الشعوب، لذا علينا أن نستنهض وعي الأمة وهمم المصلحين والمفكرين حتى لا تتم مثل هذه المخططات والتي هي في أغلبها داخلية يستفيد منها الخارج بحسب رأيه. لكنه يؤكد في الوقت ذاته بأن التخويف بالفتنة له نصيب من الواقع، لأن هناك أرضية في المجتمعات الإسلامية للاستجابة للانفعالات والعواطف فما أن ينبري واحد من السنة أو الشيعة مدافعاً عن واحد من المذهبين حتى يهب الآخرون لنصرته من دون تبين صحته من خطأه".

السيرة الذاتية المفصلة

• الشيخ الصفار – حسب ما يقول مرافقوه – لا يهتم لأمر الطعام كثيرا فهو يأكل المتوافر ويقبل أكثر على المأكولات البحرية، حيث يسكن بجوار شاطئ الخليج العربي وسوق الأسماك المركزي.

• يبدأ برنامجه اليومي مع مطلع الفجر بالقراءة ثم الاستقبال في العاشرة صباحا حسب برنامج معد سلفا، بعد ذلك يتوجه لمسجد الفتح ليؤم الناس في صلاة الظهر والرد على

استفساراتهم الشرعية بعدها يعود لمكتبه لمتابعة البرنامج اليومي ويقضي الشيخ الصفار جل وقته في القراءة والكتابة والسياحة الفكرية بين دفات الكتب.

• ضيفنا مجامل من الطراز الأول فتجده أول من يبارك في الأفراح ويواسي في المأتم، وهو شخصية متواضعة عندما توجهنا لمقابلته أول مرة لم نتعب كثيرا، خاصة وأن الجميع يعرف بيته كما أنه يعرف جميع أبناء الشارع بالاسم وكثيرا ما يلجأ إليه الناس لحل مشاكلهم العائلية وحتى مع الدوائر الحكومية.

• الشيخ الصفار أخيراً رجل عصري يتابع الفضائيات ويمتلك هاتفاً نقالاً ويخصص جل وقته للناس والمريدين ولا يجلس مع عائلته إلا يوم الجمعة فقط.

تعتبر مدينة القطيف وما جاورها اليوم من المدن الصغيرة والقرى، جزءاً حيوياً من المنطقة الشرقية، حيث تتربع واحة القطيف المشهورة على جانب من الضفة الغربية للخليج العربي، شمال غرب مدينة الدمام، عن خط الطول 50 وخط العرض 26,32. مناخ واحة القطيف مناخ قاري إذ تصل الحرارة في الصيف إلى نحو 44 درجة مئوية، ونسبة الرطوبة إلى حوالي 90 %. أما في الشتاء فتتراوح الحرارة ما بين 18 و25 درجة

مئوية، وتهب على المنطقة خلال شهري مايو ويونيو تقريباً، رياح موسمية حارة يطلق عليها أهل المنطقة اسم (البوارح).

أما الرياح الجنوبية التي تهب على المنطقة فتسمى (الكوس) وهي رياح دافئة تحمل نسبة كبيرة من الرطوبة. أما نسبة سقوط الأمطار عليها فقليلة. وتحتل واحة القطيف مساحة تقدر بما يزيد على 160 كيلوا متراً مربعاً تقريباً وتبعد عن الدمام 30 كيلومتر ويبلغ عدد سكانها حوالي 89000 نسمة موزعين على عدد من القرى تزيد على عشرين قرية. أما منطقة القطيف ككل فقد نمت واتسعت وأصبحت تضم عدداً من المدن، والقرى الكبيرة، يبلغ عدد سكانها مجتمعة نحو 250000 نسمة، ومن أهم هذه المدن والقرى: سيهات وعنك والقديح وصفوى والعوامية والملاحة والجش وحلة محيش وأم الحمام والجارودية والتوبي وأم الساهك وأبومعن والأوجام، بالإضافة إلى جزيرة تاروت التي تشمل تاروت ودارين والربيعية وسنابس والزور وغيرها.

يضم المجتمع القطيفي أربع فئات هي: الصيادون والفلاحون والتجار وموظفو الحكومة والشركات والمؤسسات. فالفئة الأولى تعتبر الممون الرئيسي لأسواق المنطقة الشرقية بالسمك، حيث يتم بيع وشراء كميات كبيرة من الأسماك بالمزاد العلني كل يوم في سوق القطيف، ومنه يتوزع إلى أسواق مدن

المملكة، وفي الآونة الأخيرة اشتهرت مدينة سيهات بسوق السمك، حيث يتوجه كثير من المواطنين والمقيمين عصر كل يوم، لجلب مختلف أنواع الأسماك الطازجة، والتي يصطادها الصيادون المحليين.

شهدت أرض القطيف أمماً وحضارات شتى كالكلدانيين والكنعانيين والفينيقيين والدلمونيين، حيث كانت القطيف حاضرة ذات شأن كبير في منطقة الخط والتي تعني الساحل الممتد من البصرة إلى عُمان. وحول هذا الموضوع يقول المؤرخ الشاعر محمد سعيد المسلم: القطيف مدينة ساحلية، وميناء مهم في الوقت نفسه، فالميناء يستقطب النشاط التجاري، والحضارات جميعها في الغالب تنشأ على ضفاف الأنهار وشواطئ البحار.

كانت منطقة الخليج تعتبر بوابة الشرق والغرب، في الزمن القديم، أو كما يقولون همزة وصل بين تجارة الشرق والغرب، ولذلك استقطب الخليج حركة تجارية في شرق الجزيرة العربية، وتدفقت عليه أجناس سامية كالسومريين، الذين أنشأوا الحضارة الدلمونية، وكانت مدينة القطيف عاصمة إقليم البحرين في أدوار مختلفة، ففي القرن الأول والثالث والتاسع الهجري كانت عاصمته وأزهى مدنه، وإليها كانت تنسب الرماح

الخطية الشهيرة (ساحل الذهب الأسود – الطبعة الثانية – محمد سعيد المسلم).

ومما لاشك فيه أن الساحل الشرقي من شبه الجزيرة العربية قد لعب دوراً مهماً عبر العصور السالفة، حيث كان الملتقى الرئيسي لتجارة التوابل والعطور، التي كانت تصدر من موانئ القطيف وتاروت ودارين إلى عدد كبير من دول العالم، وإلى هذا الإقليم كانت القوافل تتجه من قلب الجزيرة مارة بالدهناء تنقل شتى البضائع التي اشتهرت بها المنطقة كتمر هجر ومسك دارين وثياب الظهران ورماح الخط وغير ذلك من السلع التي كانت تنتجها أو ترد عن طريقها.([8])

"السيرة الذاتية المفصلة"

- الشيخ حسن بن موسى بن الشيخ رضي الصفار.
- ولد سنة 1377هـ . 1958م في مدينة القطيف بالمنطقة الشرقية من المملكة العربية السعودية.
- تعلم القرآن الكريم ضمن الكتاتيب الأهلية في المنطقة.

([8]) زعيم الشيعة في السعودية الشيخ الصفار لـ "العربية. نت" نريد وزيراً شيعياً – حوار - 19 سبتمبر 2004 – موقع قناة العربية على الانترنت (العربية. نت) - الرابط

http://www.alarabiya.net/articles/2004/09/19/6430.html

- انضم إلى مدرسة زين العابدين الابتدائية بالقطيف ثم التحق بمدرسة الأمين المتوسطة بالقطيف.

- هاجر إلى النجف الأشرف للدراسة في الحوزة العلمية سنة 1391هـ ـ 1971م وبعد سنتين انتقل إلى الحوزة العلمية في قم إيران سنة 1393هـ ـ 1973م ثم التحق بمدرسة الرسول الأعظم في الكويت سنة 1394هـ لمدة ثلاث سنوات، وواصل دراساته العلمية في طهران من سنة 1400هـ ـ 1980م إلى سنة 1408هـ ـ 1988م.

- قام بتدريس عدد من المواد العلمية والدينية لمجاميع من طلاب العلوم الشرعية ومن الشباب المثقفين، كمادة النحو ضمن كتابي (قطر الندى) لابن هشام، و(شرح ابن عقيل لألفية ابن مالك)، ومادة (المنطق) للشيخ المظفر، ومادة الفقه ضمن كتابي (شرائع الإسلام) للمحقق الحلي، و (شرح اللمعة الدمشقية) للشهيد الأول والثاني، ومادة أصول الفقه ضمن كتابي (أصول الفقه) للشيخ المظفر و(الرسائل) للشيخ الأنصاري، كما درّس تفسير القرآن، وشرح نهج البلاغة، والأخلاق، والخطابة.

- بدأ ممارسة الخطابة عام (1388هـ ـ 1968م) وعمره أحدى عشر سنة واستضافته مختلف المجتمعات في دول المنطقة لإحياء المواسم والمناسبات الدينية.

- تبث بعض محاضراته عبر بعض الإذاعات والقنوات الفضائية من الكويت والعراق وإيران ولبنان.

- تدور معظم خطاباته حول بناء الشخصية، وتنمية المجتمع، وبث ثقافة الوحدة والتسامح وحماية حقوق الإنسان.

● صدر له أكثر من مئة كتاب في مختلف مجالات المعارف الدينية والثقافية، وترجم بعضها إلى لغات أخرى، ومن مؤلفاته المطبوعة:

1. التعددية والحرية في الإسلام: بحث حول حرية المعتقد وتعدد المذاهب.

2. التسامح وثقافة الاختلاف: رؤى في بناء المجتمع وتنمية العلاقات.

3. التنوع والتعايش.

4. أحاديث في الدين والثقافة والاجتماع صدر منه 9 مجلدات.

5. علماء الدين قراءة في الأدوار والمهام.

6. فقه الأسرة.

7. السلفيون والشيعة نحو علاقة أفضل.

8. الخطاب الإسلامي وحقوق الإنسان.

9. صلاة الجماعة: بحث فقهي اجتماعي

10. السياسة النبوية ودولة اللاعنف.

11. شخصية المرأة بين رؤية الإسلام وواقع المسلمين.

12. المذهب والوطن: مكاشفات وحوارات صريحة مع سماحة الشيخ حسن الصفار أجراها الأستاذ عبد العزيز قاسم.

* نشرت له عدد من المجلات العلمية والثقافية بحوثاً ومقالات منها: مجلة (الكلمة) ومجلة (الواحة) ومجلة (البصائر) ومجلة (الحج والعمرة) ومجلة (المنهاج) ومجلة (رسالة التقريب) ومجلة (الوعي المعاصر) ومجلة (الحوار) ومجلات أخرى.

* كما نشرت له بعض الصحف اليومية مقالات أسبوعية منتظمة منها: جريدة (اليوم) السعودية، وجريدة (الوطن) الكويتية، وجريدة (الدار) الكويتية، وجريدة (الأيام) البحرينية، وجريدة (الوطن) القطرية.

* عضو في الاتحاد العالمي لعلماء المسلمين، وفي الجمعية العمومية للمجمع العالمي للتقريب بين المذاهب الإسلامية، وشارك في مؤتمرات للحوار الوطني بالمملكة العربية السعودية، ومؤتمرات مركز الشباب المسلم في الولايات المتحدة الأمريكية، ومؤتمرات لوزارة الأوقاف والشؤون الإسلامية في الكويت، ولوزارة الأوقاف والشؤون الإسلامية في مملكة البحرين، ولوزارة الأوقاف في الجمهورية العربية السورية، ومؤتمرات إسلامية وعلمية مختلفة.

* أسس وقاد حراكاً اجتماعياً يهدف إلى تعزيز القيم الدينية، وتحقيق مفهوم المواطنة والمساواة بين المواطنين، وتجاوز التمييز الطائفي، والإقصاء الثقافي والمذهبي باعتماد منهجية العمل السياسي والإعلامي والثقافي.

* له دور ريادي في حركة التواصل والانفتاح مع مختلف الأطياف والتوجهات في الساحة الوطنية والإسلامية، وقام بمبادرات لفتح قنوات الحوار بين السلفيين والشيعة في المملكة العربية السعودية.

* استضافته عدد من القنوات الفضائية في برامج حوارية لمناقشة قضايا الحوار المذهبي والوحدة الوطنية، منها: القناة السعودية الأولى، القناة الإخبارية السعودية، قناة الجزيرة، وقناة العربية، وBBC، والمنار اللبنانية، والوطن الكويتية، والكوثر الإيرانية، والعالم الإيرانية، وLBC اللبنانية، ودليل السعودية.

* أنشأ ورعى عدداً من المؤسسات الثقافية والاجتماعية في مناطق مختلفة.

* تقديراً لكفاءته وتوثيقاً لدوره الديني والاجتماعي منحه كبار مراجع الدين وأعلام الأمة إجازات للرواية وللتصدي للمهام الدينية، ومن أبرزهم:

1. المرجع الأعلى السيد علي السيستاني .النجف الأشرف.

2. المرجع الديني السيد محمد الحسيني الشيرازي .قم المقدسة.

3. المرجع الديني الشيخ محمد إسحاق الفياض .النجف الأشرف.

4. المرجع الديني السيد محمد رضا الكلبايكاني .قم المقدسة.

5. المرجع الديني الشيخ ناصر مكارم الشيرازي .قم المقدسة.

6. المرجع الديني السيد صادق الحسيني الشيرازي .قم المقدسة.

* يقيم في بلده مدينة القطيف بالمملكة العربية السعودية وعنوانه:

المملكة العربية السعودية

المنطقة الشرقية .القطيف

ص.ب: 1322 القطيف 31911

هاتف: 8555210 3 966+

فاكس: 8512600 3 966+

موقعه على الانترنت: www.saffar.org

وصفحته على الفيس بوك:

www.facebook/alsaffar.hasan

الرابط: http://www.saffar.org/?act=sec&pg=resume

وعلماء الشيعة من يشايعهم؟

نحن ولله الحمد ، نجتمع سنة وشيعة ، شعباً ومسؤولين ، علماء ومراجع ، نتراص ونتكاتف لحماية مملكتنا من كل إرهاب أو تطرف ، لنجعلها مزاراً آمناً لحجاج بيت الله ، ومستقراً آمناً مطمئناً لمواطنيها والوافدين إليها من كل بقاع الأرض.

علماؤنا الشيعة الأفاضل في الأحساء والقطيف والعوامية ، وباقي بلداتنا التي يقطنها أهلنا الشيعة في المملكة ، مدوا أياديهم الوطنية البيضاء للإسهام في مكافحة العنف والإرهاب ، الذي يحيك لنا ولبلادنا الشرور والفجور. وهذا منهم ليس بمستغرب ، فهم يتحركون ضمن سياق تاريخي وطني شريف نعمت به مملكتنا الحبيبة منذ تأسيسها ، لا ينكره إلا مكابر أو جاهل بتاريخ مملكتنا.

فعلماؤنا الشيعة في القطيف هم من أفتى بعدم جواز سيطرة بريطانيا على منطقة القطيف والأحساء ، عندما طلب منهم المندوب البريطاني "السامي" في المنطقة **"طلب الحماية من بريطانيا"** ، كبقية المحميات البريطانية في الخليج. وآثروا على ذلك طلب الحماية من المغفور له المؤسس الملك عبد العزيز بن

عبد الرحمن آل سعود ، وذلك انطلاقاً من القاعدة الشرعية "**لا ولاية لكافر على مسلم**" وبريطانيا كافرة وعبد العزيز مسلم.

إذن ، فطلب أهالي القطيف الحماية من الملك عبد العزيز بن سعود ، أتى نتاج فكر إسلامي قويم مدعوم بعواطف وطنية أصيلة ، ومستند إلى تجربة تاريخية خلاقة "**الدولتان السعوديتان الأولى والثانية**".

ولذلك فليس بالمستغرب أن يدخل الملك عبد العزيز منطقة القطيف وتوابعها مصحوباً بأهازيج الفرح والترحيب ، وليس بأزيز الرصاص ودوي المدافع والنحيب. وعلى هذا الأساس فدعوة علماء الشيعة الأفاضل شباب المملكة بشكل عام وشباب المنطقة بشكل خاص ، بالوقوف صفاً واحداً متماسكاً ومتراصاً ، خلف قيادته الحكيمة الراشدة ، ونبذ كل عنف ورفض حمل السلاح في وجه الدولة رفضاً تاماً وقاطعاً ، واعتباره جرماً لا يُغتفر بحق الذات والأهل والوطن ، في ظل ما نشاهده حولنا من فوضى ومجازر واحتراب ، أفزع وروّع العيون قبل العقول ، وفتح البلاد المصابة بهوس الطائفية والاحتراب على مصراعيها لكل عدو طامع وخصم شامت وصديق عاجز وحليف صامت.

ليس بالمستغرب أن تجسد النظرة الشرعية كمطلب على أرض الحياة كواقع معاش ، من قبل علماء الشرع الأفاضل ، كونهم أهل تخصص وبيان في هذا الشأن ، إذ أوردوا في بيانهم "**أن**

أعظم مقصد للدين، وأهم مطلب للمجتمع هو بسط الأمن والاستقرار في البلاد"، وأشاروا إلى "أن مجتمعات الأمة بليت في هذا العصر بجماعات وتيارات متطرفة تمارس الإرهاب والعنف تحت عناوين دينية وسياسية والدين بريء من الإرهاب والعنف السياسي، إذ إن كل ذلك يدمر الأوطان". وحذروا من العنف بجميع أشكاله "نحذر أبناءنا وشبابنا الأعزاء من الانجراف خلف توجهات العنف والتطرف، فهو لا يحل مشكلة، ولا يحقق مطلبا، بل يزيد المشاكل تعقيدا، ويحقق مآرب الأعداء الطامعين". وأصلوا دعوتهم بذكرهم بأن: "وما نعرفه من سيرة أئمة أهل البيت ومن توجيهاتهم الهادية، أنهم يؤكدون على حفظ وحدة الأمة ورعاية المصلحة العامة، ورفض أي احتراب داخلي حماية للسلم والأمن في مجتمع المسلمين، وذلك هو نهج مراجعنا وفقهائنا الكرام".

وليس بمستغرب على علماء الشيعة الأفاضل، محاربة الفكر المتطرف والخارجي، وشيعة الإمام والخليفة الرابع علي بن أبي طالب كرم الله وجهه، هم من أول من اكتوى بنار التطرف والإرهاب على يد غلاة الخوارج ومجرميهم.

ومن هذا المنطلق، أتى تأييد سماحة المرجع العلامة آية الله علي السيستاني، وعدد من علماء النجف، لبيان علماء القطيف والأحساء، حرصاً ودعماً لاستقرار وأمن بلاد الحرمين

الشريفين ، التي لا ينبع منها ، في ظل قيادتها الرشيدة ، إلا كل عطاء خير ومحبة وسلام ، للعالمين العربي والإسلامي والعالم أجمع.

ها نحن ، ولله الحمد والمنة ، نجتمع سنة وشيعة ، شعباً ومسؤولين ، وعلماء ومراجع ، نتراص ونتكاتف ونتعاضد لحماية مملكتنا الغالية من كل عنف أو إرهاب وتطرف ، لنجعلها مزاراً آمناً لحجاج بيت الله ، ومستقراً آمناً مطمئناً لمواطنيها والوافدين إليها من كل بقاع الأرض. وهذه من بركات دعوة سيدنا أبي الأنبياء إبراهيم عليه السلام ، عندما دعا ربه: "**وإذ قال إبراهيم رب اجعل هٰذا بلداً آمناً وارزق أهله من الثمرات من آمن منهم بالله واليوم الآخر**".

علماؤنا الأفاضل من القطيف والأحساء ، عندما سطرت أناملهم الوطنية الشريفة بيانهم ، لم ينطلقوا من فراغ ، إذ تجاوزا كل التفاصيل الصغيرة التي من الممكن عدم الوقوف عندها ، وأكدوا على الخطوط العريضة التي على رأسها الخط الأحمر "**أمن الوطن**".

وذلك حرصاً منهم وخشية على أمن واستقرار الوطن وسلامة مواطنيه من أن تندس الأيادي الخارجية والداخلية القذرة ، التي تتربص وتنتظر الانقضاض عليه ، من خلال أي فلتان أمني يحدث هنا أو هناك ، لا سامح الله.

وما سطروه من بيان يحذر وينذر ويدين ويشجب العنف والتطرف والإرهاب من أي كائن كان ، هو امتداد طبيعي لما سطرته بيانات وحناجر إخوانهم علماء السنة في المملكة. فهكذا يكون الاتحاد والحرص الوطني على أمن الوطن وسلامة مواطنيه ، من قبل علماء الدين سنة وشيعة ، مطلبا دينيا وإنسانيا ووطنياً ملزماً في ظل الفوضى والاحترابات التي تضرب منطقتنا العربية يميناً ويساراً للأسف الشديد.

الطائفية هي أم المهالك والشرور ، وأساس النزاعات والفتن في المجتمعات ، والقضاء عليها هو في المقام الأول ، يقع على عاتق علماء الدين ، وذلك بعدم الكلل أو الملل من إصدار البيانات تلو البيانات تدين وتجرم الطائفية ، وتصنفها كنوع من التطرف والإرهاب لما فيها من ضرب للحمة الوطنية في الصميم وتمزيق لها ، إذ ليس بصحيح أن كل من يثير الطائفية هو بالضرورة متدين أو محب لمذهبه ، فقد يكون ساعيا لشق الصف وتدمير اللحمة الوطنية وإشاعة عدم الاستقرار ، لمآرب شتى منها العمالة للأجنبي أو نية القفز على السلطة.

في بداية التسعينات من القرن الماضي ، وبالتحديد بعد حرب الخليج الثانية ، قال لي شاب قريب لي ، إن شاباً طلب منه جمع السلاح وبيعه عليه ، والبحث له عن مصادر أخرى لها. سألته وماذا يريد الشاب بالسلاح ، فقال لي إنه يقول إن الشيعة في

المنطقة الشرقية سيثورون على السنة هناك ، وإن الإمارة هناك لن تتدخل ، ولذلك فهم يستعدون بجمع السلاح للتصدي لهم ، طبعا عددت القصة تافهة لا تستحق الالتفات إليها. ولكن بعد عدة سنوات اكتشفت أن الشاب الذي سعى لشراء وجمع السلاح هو أحد مؤسسي القاعدة في المملكة ، وأن مخازن الأسلحة التي وجدت مدفونة هنا وهناك ، هي نتيجة التحريض الطائفي. برغم أن من ضرب بالسلاح هذا هم السنة وليس الشيعة ، أي عن طريق التحريض الطائفي توصلت القاعدة في بناء قاعدتها لدينا.

ولذلك وتجاوبا مع بيان علماء القطيف والأحساء الأفاضل ، ألا يجدر بأن تضم لائحة الجرائم والتنظيمات المجرمة التي أصدرتها وزارة الداخلية الأخيرة ، تجريم كل من يحرض على العنف الطائفي أو يؤجج الطائفية أو المناطقية والقبلية والعرقية أو يشكك في ولاء أو دين أو وطنية أي فئة اجتماعية ، حماية لجسدنا الوطني ودفاعا عن وطننا من أعداء الداخل والخارج.

أخيراً ، شكراً لعلمائنا الأفاضل الوطنيين ، شيعة وسنة ، وشكراً لوزارة الداخلية وجنودها الأشاوس. وفي الأول والأخير ، شكراً لحامي الوطن الأول خادم الحرمين الشريفين الملك عبد الله بن عبد العزيز ، أطال الله في عمره ورعاه.([9])

([9]) وعلماء الشيعة من يشايعهم؟ – عبد الرحمن الوابلي – صحيفة الوطن السعودية – 15/ 3/ 2014 – الرابط:

العلاقة بين الشيعة والسنة

الشيعة جزء من الكيان الإسلامي يشتركون مع بقية المسلمين في ثوابت متفق عليها ، وهناك تمايزات عقدية وفقهية بين الشيعة وغيرهم من الطوائف ، كما أن بقية الطوائف بينها تمايز. ولكن هذه التمايزات لا تعني أن يعيش الأطراف في نزاع.

من حق الشيعة أن يحملوا معتقداتهم ويدافعوا عنها ، كما هو حق لغيرهم. ولكن ليس بأن نتنازع ونتحارب فهذا منهي عنه: "**ولا تنازعوا فتفشلوا وتذهب ريحكم**". ويبين الله لنا كيف نتعامل مع أصحاب الديانات الأخرى: "**لا ينهاكم الله عن الذين لم يقاتلوكم أن تبروهم وتقسطوا إليهم**" ، وفي مجال الدعوة يأمر أن يتم ذلك باللين: "**ولا تجادلوا أهل الكتاب إلا بالتي هي أحسن**".

فمن باب أولى أن نتعامل كمسلمين فيما بيننا بهذا الأسلوب ، وأن نتحاور بالتي هي أحسن. وذلك لأن الدين هو الخلق السليم. الدين لم يأت ليخلق منك إنسانًا عنيفًا وإنما مسالمًاً.

---

http://www.alwatan.com.sa/Articles/Detail.aspx?ArticleId=20

من جهة أخرى أنت تمثل ديناً ومذهباً، والناس ينظرون له من خلالك. إذا تعاملت معهم بالحسنى أخذوا انطباعًا حسنًا عنك وعن انتمائك، لذلك ورد عن الإمام الصادق: "**أحبونا إلى الناس ولا تبغضونا إليهم**". وقال أيضًا: "**رحم الله عبدًا حببنا إلى الناس، ولم يبغضنا إليهم. أما والله لو يروون محاسن كلامنا لكانوا به أعز، وما استطاع أحد أن يتعلق عليهم بشيء، ولكن أحدهم يسمع الكلمة فيحط إليها عشرًا**". وجاء عن أمير المؤمنين: "**شيعتنا بركة على من حاوروا، سلم لمن خالطوا**". روايات كثيرة مثل هذه تبين لنا كيف ينبغي أن نتعامل مع غيرنا.

لكننا مع الأسف الشديد نرى انبعاث تيار يحمل أفكارًا تخالف نهج هذه الرويات، ونحن في عصر ارتفعت فيه معنويات الشيعة، فأوضاعهم أفضل من السابق بحمد الله تعالى، وللتعبير عن هذه المعنويات فإن هناك منهجين:

المنهج الأول: تقديم أنموذج مشرق لفكر أهل البيت النير.

المنهج الثاني: يستغل هذه الإمكانيات لتبيين مساوئ الطرف الآخر، واسقاط رموزه. هذا المنهج هو ردة فعل لما مورس ضد الشيعة من ظلم وتمييز وتعبئة، ولكن الخطأ لا يواجه بالخطأ، سيما ونحن ننتمي إلى أهل البيت. إذا كان هناك من يريد أن يأخذ بالمنهج الأموي حين سنوا سب أمير المؤمنين سبعين

سنة ، فهم يأخذون بالمنهج الذي ارتضوه لأنفسهم ، ولكننا نرفض هذا المنهج ، لأن منهج أهل البيت خلاف ذلك.

المسألة ليست مسألة شخص ، وإنما وجود تيار ، يحمل هذا الفكر والمنهج. الناس الذين يحرضون على السب واللعن فليعلموا أن هذه هي النتائج ، وضعوا المذهب في موقف دفاع ، وشوهوا صورته النقية ، ولو حدث مكروه لا سمح الله لهذه الأمة فهم من أسبابه.

هذا التيار المتشدد يظن أنه يخدم المذهب ، لكن الواقع أنه يضر وقد اتضح للجميع ذلك. وقد وقع في سوء فهم خاطئ إذا أحسنا الظن بهم وإلا فهو لعب على المشاعر ودغدغة للعواطف باسم أهل البيت ، ولكنهم يرفضون هذا النهج ، وكذلك علماء الشيعة المخلصون ، وقد سمعنا بيان السيد السيستاني الأخير وما كان يردده أمام زائريه من شيعة العراق: لا تقلوا أخوتنا أهل السنة ، بل هم أنفسكم. كذلك خطابات العلماء في إيران ولبنان.

نحن في وضع يتطلب منا أن نبرز صورة حسنة لنا ولمذهب أهل البيت. في كتب الأحاديث هناك روايات ، ولكن ليست كلها صحيحة. وإذا كان بعضها صحيحاً عند بعض هؤلاء ،

فهناك روايات أخرى تدعوك لترك هذا الأمر ، وعدم الخوض فيه ،
وهي أكثر.(¹⁰)

(¹⁰) العلاقة بين الشيعة والسنة - الشيخ حسن الصفار – مقال – جريدة الدار
الكويتية – 24/ 9/ 2010. نقلاً عن موقع الشيخ حسن الصفار، الرابط:
http://www.saffar.org/?act=artc&id=2477

مفهوم الإصلاح (1): أزمة الهوية الوطنية السعودية

بدر الإبراهيم

تبدو المشكلة في الحديث عن "الإصلاح" في السعودية في إحالة هذا الحديث إلى مفهوم مطّاط يمكن أن يعبر عن تفسيرات مختلفة تتراوح من أقصى اليمين إلى أقصى اليسار، وهو ما يجعل النقاش في طبيعة المصطلح وإعادة تعريفه وتحديده أمراً ضرورياً، خصوصاً أنه يستخدم لأغراض متعددة قد تكون متناقضة في بعض الأحيان.

من هنا لا يبدو التمسك بالمصطلح العائم أمراً جيداً في سياق التحديد الدقيق للأفكار الأساسية، فالإصلاح يحتاج إلى شرح وتوضيح لماهيته، والانطلاق نحو تحديد رؤية واضحة للإصلاح ومفاهيم يبنى عليها مشروع واضح المعالم، لذلك من المهم الحديث عن مجموعة من الأفكار الرئيسية التي تميز رؤية ومشروعاً "ديمقراطياً" عن رؤى أخرى ترفع شعارات الإصلاح دون الالتزام بمبادئ الديمقراطية.

لكن قبل الولوج إلى المسألة الديمقراطية يبدو من المهم الوقوف عند مسألة تأسيسية أخرى متعلقة بأزمات الهوية التي

نشهدها في السعودية وفي الدول العربية المجاورة ، والتي أدَّت وتؤدي إلى انقسامات اجتماعية عميقة واحتراب أهلي في أكثر من بلد عربي ، سببه غياب هوية وطنية جامعة وتصاعد الهويات الطائفية لتحتل المشهد. قد لا نجد اهتماماً كبيراً من قبل كثير من المعنيين بقضايا الإصلاح السياسي بأزمة الهوية ، وبعضهم يظن أن تحقيق بعض المطالب الإصلاحية كفيل بحل كافة الإشكالات الموجودة على الساحة ، وهذا الوهم ينتج ابتعادهم عن البحث في أزمات مثل أزمة الهوية ، رغم خطورتها على المشروع الإصلاحي وتهديدها الكبير له.

في السعودية هناك أزمة هوية وطنية ، فالهوية الجامعة مفقودة ، والأفراد يعبرون عن أنفسهم في الفضاء العام بهويات مذهبية ومناطقية وعشائرية ، وتضخم الهويات الفرعية هذا على حساب وجود هوية جامعة للمواطنين يجعل الأزمات والإشكالات المتعلقة بالهوية تتسيد الساحة ، خصوصاً في ظل معايشتنا للصراع الطائفي في أكثر من بلد عربي ، وانعكاسات هذا الصراع على أبناء المجتمع.

أهمية مسألة الهوية:

لماذا نناقش مسألة الهوية في خضم الحديث عن الإصلاح السياسي والتغيير ؟.

الإجابة تتعلق بأمرين رئيسيين:السلم الأهلي ، والتحول الديمقراطي. لا يمكننا في أي محاولة تأسيسية وفي أي حديث حول تفعيل المشاركة الشعبية في صناعة القرار أن نغفل هذين الأمرين ، فالحديث عن مشاركة شعبية مع تضخم الهويات الفرعية يعني تقويض هذه المشاركة وتحويلها إلى صراعات طائفية على الطريقة العراقية واللبنانية ، ويعني أيضاً وجود خطر الاحتراب الأهلي مع تضخم هذه الهويات.

إن الحفاظ على السلم الأهلي يستدعي وجود جامع مشترك بين المواطنين ، لا يلغي هوياتهم الفرعية ، لكنه يقدم الرابطة التي تحفظ التماسك الاجتماعي وتعزز الوحدة الوطنية وتؤكد على أنهم ينتمون إلى جماعة سياسية واحدة (تعزيز الانتماء الوطني) ، ومن خلال تعزيز الوحدة والتضامن الاجتماعي يمكن الولوج إلى عملية ديمقراطية سليمة ، يحصل فيها تنافس بين مشاريع سياسية على تمثيل مصالح هذه الجماعة السياسية الموحدة (الشعب) ، ولا يتحول هذا التنافس إلى احتراب أهلي وصراع طائفي بارد داخل المؤسسات أو ساخن في الشارع.

القول بأن حسم مسألة الهوية ضرورة للسلم الأهلي وللتحول الديمقراطي لا تعني اشتراط حسم الهوية وفرضها بالقوة أولاً قبل المناداة بأي مطلب ديمقراطي ، بل تعني أخذ مسألة الهوية بجدية كبيرة ضمن مطالب التحول الديمقراطي ، والحديث

عن الهوية الجامعة "بالتوازي" مع الحديث عن التحول الديمقراطي والتأكيد على أهمية حسمها عبر الحوار والجدل العمومي بين الأطياف المختلفة ، وفهم مأزق وجود صناديق انتخابية في ظل انقسامات طائفية وعشائرية وغياب هوية جامعة ، والعمل على إيجاد أرضية هوياتية مشتركة يحصل على أساسها التنافس بين مشاريع سياسية داخل جماعة موحدة لها السيادة ، لا الصراع بين جماعات ذات هويات متناقضة تتنازع على السيادة.

دولة الأمة والتجانس التام:

الدولة الحديثة (أو دولة الأمة) ليست محايدة ثقافياً ، بل هي بطبيعتها منحازة ثقافياً لثقافة أغلبية الأمة التي تمثلها. العالم مقسّم إلى أمم ، لكل منها شخصيتها وتاريخها ، والدولة الحديثة تمثل أمة لها هوية وتاريخ ، وهكذا هي الديمقراطيات الليبرالية الغربية ، فهي ليست محايدة ثقافياً ، وهي تعبر عن هوية أمة تمثلها ، ينطبق هذا على فرنسا وألمانيا وحتى أمريكا ، وبالتالي لا يمكن الحديث عن دولة حديثة دون التطرق لهوية الأمة التي تمثلها.

يؤكد الفيلسوف الليبرالي ويل كيملكا أن التوافق على المبادئ السياسية لا يكفي لتحقيق التضامن الاجتماعي داخل الدولة ، فهناك آخرون خارج الدولة قد يتبنون نفس المبادئ ، وبالتالي تكتسب الحدود بين الدول معناها من السياقات الثقافية

المختلفة للشعوب ، وليس من العقد الاجتماعي أو المبادئ والأنظمة السياسية التي يتوافق عليها الناس ، فما يميز جماعة سياسية ما عن جماعة أخرى على الطرف الآخر من الحدود هو تمتعها بهوية قومية خاصة بها ومتمايزة عن غيرها من الأمم والجماعات ، فلا يمكن تخيل الجماعة الوطنية من دون تخيل الحدود التي تفصلها عن غيرها ، وبعبارة أخرى: لا يمكن أن نحدد من "**نحن**" دون معرفة ما يمايزنا عذ "**هم**".

في الدول الحديثة المعبرة عن أمم راسخة في هويتها يحصل ما يعتبره مايكل بيليغ إعادة إنتاج الهوية الوطنية في الخطاب اليومي ، يحدث هذا باستدعاء مفاهيم ورموز وطنية في التفاصيل الصغيرة ، من خلال العملات والطوابع ، أو خطابات السياسيين والإعلام المحلي التي تؤكد على مسائل متعلقة بالوطنية. أي أن الهوية الوطنية لا تنتهي عند تكوين الدولة ، وإنما يعاد إنتاجها باستمرار عبر الإعلام والتعليم والخطاب السياسي والتعاملات اليومية ، وهو ما يعني أن المسألة حاضرة في التفاصيل اليومية وبشكل مستمر.

في العالم العربي نشأت مشكلة التجزئة ، ومنها انبثقت مشكلة التعاطي مع ما هو وطني وما هو قومي ، والكلمتان مترادفتان في أماكن أخرى من العالم نظراً لتطابق حدود الدولة مع حدود الأمة ، لكننا بسبب التجزئة نعايش إشكالاً بين

الكلمتين لأن حدود الدول العربية لا تطابق حدود الأمة العربية ، وهكذا نشأت الدولة القُطرية في العالم العربي ، باعتبارها تمثل جزءاً من أمة عربية لم تتمكن من تقرير مصيرها كبقية الأمم.

لم تنجح الدولة القطرية في صناعة هوية خاصة بها تستغني عبرها عن الهوية العربية ، وكل محاولة في هذا الشأن باءت بالفشل ، فقد تم تصعيد هويات "مَتحفية" كالفرعونية والبابلية والسيريانية والفينيقية ، ولم تنجح هذه الهويات في إيجاد رابطة مشتركة يشعر الناس في عصرنا بالانتماء إليها ، وبقيت الرابطة العربية أقوى رغم عدم ترجمتها سياسياً في ظل انهيار المشاريع السياسية القومية وتراجعها. ما نعايشه اليوم في أكثر من بلد عربي هو نتيجة فشل الدولة القطرية في إيجاد هوية تجمع المواطنين ، ما جعل الناس تعود إلى جماعاتها الأهلية (الطوائف والعشائر) لتعبر عن نفسها وتشعر بالحماية والأمان.

إن الحديث عن هوية جامعة في الوقت الحالي يأتي في ظل انقسامات عميقة واحترابات أهلية داخل المجتمعات العربية تهدد بتقسيم الدولة القُطرية نفسها ، والدعوة لهوية جامعة لا تعني رفض التعددية والتنوع ، بل إيجاد مظلة تشمل المواطنين (أو أغلبيتهم بالحد الأدنى) وتعبر عنهم.

لقد حاولت الدولة الحديثة في البدايات إدماج الأقليات قسراً في هوية الأغلبية التي تبنتها الدولة ، وكان أحد أبرز المنظرين

الليبراليين تاريخياً جون ستيوارت ميل يؤكد على إمكانية تذويب قومية داخل أخرى ، خاصة إذا كانت الأقلية متخلفة ومتأخرة ، وهو دعا في كتابه عن الحكومة التمثيلية إلى إدماج الباسك في فرنسا ضمن "شعب متطور ثقافياً وأكثر تحضراً".

لكن هذه المحاولة للإدماج القسري بغية تحقيق تجانس تام داخل الدولة فشلت وتجاوزها الزمن ، وهكذا ظهرت مفاهيم التعددية الثقافية لمعالجة إشكالات الأقليات داخل الدولة ، خاصة في كندا وأميركا ، حيث المجموعات الإثنو-ثقافية المختلفة تعيش هناك وتطلب حقوقاً ثقافية خاصة و"اعترافاً" بها ، والشاهد أنه ليس هناك هوية في الدول الغربية (التي تسلب لب كثيرين) تحقق تجانساً تاماً بين مواطنيها ، كما أن التحديات تتوالى بهذا الخصوص ، من ذلك تزايد الهجرات من شمال أفريقيا إلى الدول الأوروبية ، وبعض الأقليات التي تطالب بالانفصال كما هو حال دعاة الاستقلال الفلامنك في بلجيكا والكاتالونيين في إسبانيا.

ما يهمنا التأكيد عليه هو أننا نتحدث ضمن السياق العربي ، وفي السياق العربي نحتاج للإجابة على سؤال الهوية وفق واقعنا وظروفنا ، ونحن نعاني من الصراعات الطائفية المريرة ، وهذا ما يجعلنا نؤكد على أهمية الهوية الجامعة في مواجهة التقسيم الطائفي.

الهوية الوطنية الغائبة:

تحيل الهوية السعودية الحالية إلى أحد أمرين: هوية
مذهبية سلفية تم تعميمها قسراً على مجموع المواطنين، أو جهاز
الدولة الذي يختزل الهوية الوطنية بذاته. الأمران يخلقان أزمة
الهوية التي نعاني منها، وتضخم الهويات الفرعية التي تعوض
غياب هوية وطنية جامعة وتحاول مجابهة إشكالية الهوية المقدمة
حالياً.

هناك من يتمسك بهذا الواقع، إما لأنه منحاز للهوية
المذهبية الموجودة، وإما لأنه منحاز لجهاز الدولة ويريد إخضاع
الأفراد لسلطة هذا الجهاز بغض النظر عن كل شيء آخر، بعض
هؤلاء ينحازون لجهاز الدولة انحيازاً شمولياً سافراً، والبعض الآخر
يريد تغيير بعض التفاصيل الإجرائية وزيادة المشاركة الشعبية،
معتبراً أن الهوية هي الجواز أو بطاقة الأحوال المدنية، وهذا لا
يحل أزمة الهوية ولا يصنع هوية وطنية ولا شعباً أو جماعة وطنية.

التمسك بالأمر الواقع يعني تكريس الأزمة القائمة، وهكذا
فإن البعض يفكر بإنتاج هوية جديدة، تؤكد على وجود شعب
سعودي وأمة سعودية، تربط أفرادها رابطة وطنية خاصة، وهذا
الأمر يحتاج للإجابة على سؤالين ليتحقق: ما هي عناصر الهوية
السعودية الجديدة والتي تجعل من السعوديين أمة (أي جماعة
متخيلة)؟، وما هي عناصر التمايز التي تعطي للحدود السعودية

الحالية معنى وتمايز السعوديين عن العراقيين والأردنيين واليمنيين والعمانيين؟.

إن الرغبة في إنتاج هوية جديدة تمايز السعوديين عن محيطهم وتصنع منهم أمة مستقلة بذاتها تحتاج إلى هوية ثقافية متمايزة عن المحيط، وتحوي عناصر من نوع مختلف، وتحتاج أيضاً إلى رواية تاريخية يشعر مجمل المواطنين أنها تعبر عن تاريخهم المشترك، وهذا الأمر لا يبدو ممكناً، فلا توجد أدوات أو عناصر يمكن أن تقيم هذا الأمر خارج الثقافة العربية والسياق العربي.

القومية ضد الوطنية؟:

الرابطة العربية المتمثلة بالثقافة العربية والتاريخ العربي المشترك واللغة بوصفها وعاءً لهذه الثقافة العربية هي التي يمكن التعويل عليها في إيجاد انتماء مشترك لمجمل المواطنين في السعودية، وتحقيق التماسك الاجتماعي ومعالجة تضخم الهويات الفرعية وإعادتها لحجمها الطبيعي بعيداً عن المجال السياسي.

وعلى عكس الهوية المذهبية التقسيمية المقدَّمة حالياً تعمل الهوية العربية على إيجاد رابط يعم جميع المواطنين بوصفهم عرباً بالثقافة والتاريخ المشترك، فالعروبة ليست رابطة عرقية، وإلا كان من الممكن استبعاد معظم العرب حالياً منها، فالحديث عن مجموعة من أصول آسيوية أو أفريقية داخل

السعودية والقول إنهم ليسوا عرباً يتنافى مع تعريف العروبة باعتبارها رابطة ثقافية لا رابطة عرق أو دم ، ومع الواقع الذي يحكي اندماج هؤلاء منذ زمن بعيد في الثقافة العربية ، فلغتهم عربية منذ ولادتهم وذاكرتهم التاريخية ورموزهم عرب ، والسياق الذي ينشؤون فيه ويعبرون من خلاله عربي ، والقول إنهم ليسوا عرباً محاولة لتحويل انتمائهم العرقي إلى هوية جوهرانية متعالية على الزمان والمكان.

ليست الدعوة إلى الهوية العربية محاولة للتضاد مع الهوية الوطنية ، بل على العكس تماماً ، طرح الهوية العربية هو محاولة لتعبئة الهوية الوطنية بالمعنى ، ولذلك فإن هذا الطرح يشدد على أهمية الهوية العربية داخل الدولة القُطرية لمعالجة أزمة الهوية التي تعاني منها ، وهو ما يعني أن الرابطة الوطنية هي ذاتها الرابطة العربية في هذا الطرح ، نظراً للفراغ الذي تعاني منه الهويات القُطرية ، والذي تملؤه الهوية العربية بالثقافة والتاريخ المشترك.

إن الحديث عن تناقض الوطنية مع العروبة لا معنى له ، فعندما نعرِّف الرابطة الوطنية بأنها هي الرابطة العربية ، وأن العروبة هي المكون الأساسي للوطنية داخل الدول العربية ، تصبح الوطنية متطابقة مع الهوية العربية ، ولا يعود الحديث عن تناقض المصالح الوطنية مع المصالح العربية ذا معنى ، فعندما يكون جواب "**من نحن**"؟ أننا عرب ، تصبح مصالح العرب

مصالحنا ، وتصبح الدولة معنية بتمثيل شعبٍ عربي داخل حدودها ، وهو ما يعني أنها تبني سياساتها واستراتيجياتها باعتبارها دولة تمثل جزءاً من الأمة العربية ، وهي معنية بهذه الأمة ولا تنفصل عنها وعن قضاياها ، كما أنها تندمج في إطار تكامل عربي سياسي واقتصادي وعسكري وأمني يمثل مصالح الشعوب العربية لا مصالح نخب حاكمة.

الهوية العربية في هذا الطرح هوية "نحيلة" بتعبير ويل كيملكا ، أي أنها لا تفرض قيماً أو أنماط معيشة محددة ، لكنها فقط تعمل من خلال اللغة والثقافة والتاريخ المشترك على إيجاد تضامن اجتماعي ووحدة وطنية داخل حدود الدولة القُطرية العربية. هذا الطرح أيضاً لا يقول بوجوب إيجاد دولة عربية واحدة عبر وحدة اندماجية في أقرب وقت ، أو إلغاء الدولة القُطرية الحالية ، لكنه يرغب في حماية هذه الدولة من التفتت والتقسيم ، ومحاولة معالجة أزمة الهوية والشرعية الخاصة بها ، عبر إعادة تعريفها لتكون دولة ممثلة لشعبٍ عربي ، وتقليص سيادة حدودها الحالية (التي هي حدود نفوذ جهاز الدولة) لمصلحة حدود الأمة العربية من المحيط للخليج عبر برامج تكامل عربي.

إن الهوية العربية تعبير عن كل المواطنين السعوديين ، لأنهم جميعاً عرب ، وهم يؤكدون هنا على انتماء مشترك يعبرون به عن وجودهم كشعب يشكل جزءاً من أمة عربية يتفاعل معها

بشكل حيوي ، وهذا يساعد على الاستقرار وإيجاد تضامن اجتماعي بعيداً عن الصراع الطائفي الذي نعاني من إرهاصاته بشكل يومي ، ويساعد في إيجاد أرضية ناجحة تسهل التحول الديمقراطي وتساعد في بناء مشاركة شعبية في القرار السياسي قائمة على أسس وطنية متينة بدلاً من استنساخ نموذج البرلمان الكويتي أو العراقي أو اللبناني ، حيث الطوائف والعشائر تتنازع ، وأزمات الهوية يعاد إنتاجها من خلال النظام الانتخابي.([11])

([11]) مفهوم الإصلاح(1): أزمة الهوية الوطنية السعودية – بدر الإبراهيم – موقع المقال – 15/ 1/ 2013 – نقلاً عن:

https://www.gulfpolicies.com/index.php?option=com_content&view=article&id=1648:-1-&catid=51:2011-04-09-07-47-31&Itemid=364

تقرير: حركات الاصلاح في السعودية

أحرار الحجاز

أصدر عدد من النشطاء تقريراً مطولاً عن الحركات الإصلاحية في البلاد منذ نشأت الدولة السعودية الأولى حتى يومنا هذا واعتمد التقرير على رصد نماذج من الأحداث والمطالب الإصلاحية منذ تأسيس الدولة واستند في توثيق ورصد الأحداث التاريخية على كتاب روبرت ليسي: "**السعودية من الداخل**" وكتاب: "**تاريخ العربية السعودية**" أليكسي فاسيلييف ، وكتاب: "**السجين ٣٢**" ، وورقة الدكتور عبد المحسن هلال بعنوان: "**الحاجة للإصلاح في المملكة العربية السعودية**".

كما تم تقسيم التقرير الى ثلاثة أجزاء هي: تعريف بنظام الحكم ، ورصد نماذج من الأحداث ورد فعل الحكومة وتعاطيها مع تلك الأحداث ، ثم الخلاصة اعتمدت على التحليل وتوصيات مقترحة.

نبذة تعريفة عن طبيعة النظام الحاكم في المملكة العربية السعودية.

المملكة العربية السعودية دولة ذات نظام ملكي مطلق والحكم وراثي في أبناء الملك عبد العزيز بمباركة العائلة الحاكمة ثم رجال الدين، والملك يجمع في منصبه الوظائف الثلاث: التشريعية والتنفيذية والقضائية وهو بذلك يرأس الدولة ويرأس الحكومة ويرأس القضاء والوحيد المخول لتشريع القوانين.

تم إنشاء مجلس الوزراء عام 1371هـ الذي يتكون من الملك رئيساً ونائبيه ولي العهد والنائب الثاني ووزراء عاملين ووزراء الدولة ومستشاري الملك،

وفي 27/ 8/ 1412هـ أصدر الملك فهد أمراً ملكي رقم أ/92 والمعدل بالأمر الملكي رقم أ/21 في 30/ 3/ 1414هـ بالأنظمة الثلاث:

1- النظام الأساس للحكم.

2- نظام مجلس الشورى الذي يتكون من (150) عضو.

(كان في البداية يتكون من (60) عضواً ثم (120) و30 عضو من النساء، وقد دخلت المرأة به كمستشارة ثم عضو وهو مجلس استشاري لا يتمتع بصلاحيات التشريع ولا المراقبة والمحاسبة.

3- نظام المناطق الذي يقسم المملكة إدارياً إلى 13 منطقة وكل منطقة عليها أمير من الأسرة الحاكمة بصلاحيات مطلقة.

ولا توجد في المملكة أحزاب سياسية أو أي نوع من المشاركة السياسية من قبل الشعب, فارضاً جمع المواطنين وتكتيلهم في كتلة واحدة في مجتمع مغلق.

ويعتبر النظام الأساسي للحكم الذي صدر عام 1992 هو الدستور للمملكة العربية السعودية الذي يكرس الملكية المطلقة ويمنع المواطنين من حق تغيير حكومتهم واختيارها ؛ فالموطن السعودي محروم من المشاركة السياسية ويجرم إذا خاض في الشأن العام ويحاكم من القضاء على ذلك رغم صدور قوانين تدير الدولة بشكل عشوائي متجاوزة الأنظمة والقوانين وقد سُجلت على وزارة الداخلية كثيرا من التجاوزات لنظام الإجراءات الجزائية ، هذا ومن المعلوم أن الجهات الحكومية لا تخضع لمراقبة مستقلة وكذلك القضاء غير مستقل ومرتبط بالسلطة.

الملك رئيس السلطة التنفيذية ولا توجد مؤسسات مجتمع مدني وتحظر الجمعيات الفاعلة في مجال حقوق الإنسان ويُجرم مؤسسيها ويحاكم اعضائها وكذلك لا توجد نقابات عمالية ولا مهنية والتجمعات السلمية محظورة بشكل عام, والإعلام أيضا يخضع لسلطة الحكومة ، وحتى إن وجد إعلام خاص فهو في الغالب تابع للأمراء من آل سعود ويراعي سياسة الحكومة السعودية. وتخضع شبكة الانترنت للرقابة الشديدة ، ويعد التعبير بما يخالف سياسة

الحكومة مغامرة ربما انتهت أمام القضاء بأحكام تصل إلى خمس سنوات كما نص نظام الجرائم المعلوماتية.

بداية المطالب والحركات المعارضة

منذ توحيد الدولة السعودية على يد أبناء الشعب بقيادة الملك عبد العزيز في التاسع عشر من شهر جماد الأولى من سنة 1351هـ سبتمبر 1932م كان عند الموطن السعودي استشعار بضرورة المشاركة السياسية باختلاف منطلقاتهم الأيدلوجية ودوافعهم، ومن أبرز هذه المحاولات **"حركة إخوان من طاع الله"**، وهي حركة إصلاحية دينية متشددة بقيادة سلطان بن بجاد وفيصل الدويش من عام 1928 – 1932م والتي تم القضاء عليها بمساندة بريطانيا ثم **"ثورة حامد بن رفادة"** شيخ قبيلة بلي في عام 1932م، بتنسيق مع **حزب الأحرار الحجازي** بزعامة طاهر الدباغ.

في أواخر الخمسينات وبداية الستينات برزت انتفاضة عمال الظهران 1952 – 1958: وكان أشهر من نسق لها ناصر السعيد التي انتهت حياته كما تشير تقارير بأن أُختطف من لبنان وتم تسليمه للسلطات السعودية ومصيره ما زال مجهول، وحدثت أيضاً تشكلت جبهة الإصلاح الوطني في عام 1953م وأعلنت عن أهدافها وهي:

1 – تحرير البلاد من الهيمنة الإمبريالية ومن التسلط الاقتصادي لـ ارامكو والشركات.

2 – اعتماد دستور يكفل الانتخابات البرلمانية وحرية النشر والتجمع وإنشاء الأحزاب السياسية والنقابات وحرية التظاهر والإضراب.

3- تطوير الصناعة الوطنية وتوفير البذور والأسمدة والآلات الزراعية للفلاحيين بأسعار منخفضة.

4 – إلغاء الرق.

5 – إعادة النظر في الاتفاقيات المعقودة مع شركات النفط وتعديلها بشكل يضمن حق استثمار ثروات البلد بشكل يكفل تقدمه الاجتماعي والاقتصادي والثقافي.

6 – مكافحة الأمية وتأسيس مدارس البنات وتوسيع التعليم العالي والمهني.

وفي عام 1956 تم تصفية الحركة واعتقل من أعضائها 56 شخصاً منهم الملازم عبدالرحمن الشمراني الذي أعدم.

وكانت صحيفة **الفجر الجديد** و"**أخبار الظهران**" تنشران مقالات تنتقد الحكومة وتم اعتقال رئيس تحرير **الفجر الجديد** يوسف الشيخ يعقوب والصحفي أحمد الشيخ يعقوب ورئيس تحرير أخبار الظهران عبد الكريم الجهيمان وتم جلده.

وشهدت مدينة بريدة عام 1956 تظاهرات من طلاب المدارس مطالبين تطوير مناهج الدراسة وجعلها مثل مصر وسوريا وتأسيس معاهد وجرت اشتباكات بين الطلاب والشرطة ورجال الدين واعتقل عشرات الأشخاص وجلدوا.

وحصلت حادثة مهمة وهي محاولة بعض ضباط الجيش في عام 1955م في مدينة الطائف قلب نظام الحكم على غرار ثورة 1952م في مصر وانتهت بإعدام بعض الضباط.

وفي 1958م ظهر تنظيم الأمراء من أبناء الملك عبد العزيز: مشعل, عبد الله, طلال, نواف, عبد المحسن, بدر, فواز, ومشاري, وطرحوا مشروع الملكية الدستورية الذي وافق عليه الملك سعود لكن الأمير فيصل انقلب على هؤلاء الأمراء واغتال المشروع في مهده.

وظهرت حركات معارضة عديدة مثل:

_ منظمة حزب البعث العربي الاشتراكي 1959م
_ منظمة الثورة الوطنية حركة القوميين العرب 1961م
_ اتحاد شعب الجزيرة العربية 1961م
_ الجبهة الديمقراطية الشعبية 1965م
_ الحزب الديمقراطي الشعبي 1970م
_ حزب العمل الاشتراكي 1975م
_ جبهة التحرر الوطني الشيوعية 1975م
_ منظمة الثورة الإسلامية 1978م

تم القضاء عليها جميعا بعد أن استلم الملك فيصل الحكم.

وهناك أيضاً محاولتين لقلب نظام الحكم في العام 1969م ، إحداهما في جدة بزعامة يوسف الطويل والأخرى في الظهران لضباط من سلاح الطّيران بزعامة العميد داؤد الرميح وسعيد العمري تضاربت الروايات حول مصيرهما وفي كتاب: "تاريخ العربية السعودية" لمؤلفه فاسيلييف قال: "أعدموا" وذكر روبرت لسي في كتابه: "السعودية من الداخل" أنه تم إطلاق سراحهما.

مع مطلع 1990م ظهرت مطالب وطنية وإصلاحية تطالب السلطة الملكية بضرورة اشراك المواطنين في إدارة الدولة على مبدأ فصل السلطات وسيادة الأمة والحد من الفساد وتبذير المال العام في المخصصات للأسرة المالكة والإصلاح الاقتصادي والديني والتعليمي من أبرزها:

<u>العريضة المدنية</u>

في 1 ديسمبر 1990م تقدم نخبة من أبناء البلاد المخلصين من مسؤولين سابقين وأكاديميين وأدباء وكتاب ومحامين ورجال أعمال بكتابة عريضة مختصر ما ورد فيها:

1 – وضع إطار تنظيمي للفتوى الشرعية, يأخذ في إعتباره الشرع الحنيف والمعصوم من الخطأ, المنزه عن التبديل والتغيير, يتمثل في النصوص القطعية من الكتاب والسنة, ويؤخذ بفهم النصوص وتفسيرها كاجتهاد بشري يؤخذ فيه بإجماع أهل العلم من كل المذاهب السابقين ومن العصر الحديث وليس لأحد مهما كان أن يحتكر لنفسه تحديد مراد الله ورسوله في الكتاب والسنة.

2 – النظر في أوضاع النظام الأساسي للحكم على ضوء ما جاء من تصريحات وبيانات أدلى بها ولاة الأمر في أوقات متعددة.

3 – الشروع في تكوين مجلس الشورى يضم نخبة أهل الرأي والكفاءة والعلم والنزاهة والاستقامة من كافة مناطق المملكة وتكون من ضمن مسؤولياته دراسة وتطوير وإقرار النظم والقواعد المتعلقة بكافة الشؤون الاقتصادية والسياسية والتعليمية وغيرها والرقابة على أعمال وواجبات الأجهزة التنفيذية.

4 – إحياء المجالس البلدية وتطبيق نظام المقاطعات ، وتعميم تجربة الغرف التجارية على بقية المهن.

5 – النظر في أوضاع القضاء بمختلف درجاته وسلطاته ، وتحديث أنظمته ومراجعة مناهج إعداد القضاة وضمان كل ما من شأنه استقلال القضاء وفاعليته وعدالته ، ولا بد من أن تكون هناك معاهد تأهيل لمراتب هذا المرفق الهام متاحة أمام كل

المواطنين وألا تقتصر على فئة من دون أخرى على أساس مبدأ تكافؤ الفرص الذي جاء به الشرع الحنيف.

6 – تكريس المساواة التامة بين المواطنين في كافة المجالات دون تمييز يقوم على أساس من العرق أو السلالة أو الطائفة أو الوضع الاجتماعي.

7 – إعادة النظر في أوضاع الإعلام وإعادة هيكلته وفق نظام وقانون شامل ودقيق يمنح الحريات وفق الضوابط الشرعية والقواعد الصارمة .

8 – إصلاح شامل لهيئات الأمر بالمعروف ووضع نظام دقيق لمهامها .

9 – منح المرأة حقها في المشاركة في الحياة العامة وفق نطاق الشرع الحنيف.

10 – إصلاح جذري شامل لنظام التعليم لمواكبة الأمم ومواجهة تحديات العصر.

ولم يكن هناك رد فعل مباشر تجاه معدي العريضة والموقعين عليها ، ونذكر بعض أسماء الموقعين عليها وهم:

أحمد صلاح جمجوم, د. محمد عبده يماني, عبد المقصود خوجة, محمد صلاح الدين, د. راشد المبارك, أحمد محمد جمال, صالح محمد جمال, عبد الله الدباغ, محمد حسن فقي, د.

عبد الله مناع, محمد سعيد طيب, محمد عمر العامودي, عبد الله ال براهيم, د. عبد الرحمن المريعي, يوسف المبارك, د. مرزوق بن تنباك, د. عبد الله المعيقل, د. إبراهيم المديميغ, فهد العريفي, صالح عبد الرحمن الصالح, عبد الله الصيخان, صالح الأشقر, عقل الباهلي, د. أحمد الشويخات, علي الخرس, عيسى فهد, د. سعد الصويان, د. عبد الخالق آل عبد الحي, عبد الكريم العودة, عبد الله الكويليت, حمد الباهلي, عبد الجبار اليحيا, إبراهيم الحميدان, إسحاق الشيخ يعقوب, محمد عبيد الحربي, شاكر عبد الله الشيخ, عبد الرؤوف الغزال, علي الدميني, محمد العلي, عبد الرحمن الحصيني, إبراهيم العقيل, جمعان الوقداني, جميل فارسي, عبد الله بخيت, يحيى العوامي, زكي الخنيزي, نجيب الخنيزي, حسن البدر, زكي أبو السعود, عادل الربيع, تركي الحمد, أحمد القشعمي, د. محمد البكر, عبد الله منصور, ربيع السعدون, ناصر الهتلان, سليمان السياري, عبد العزيز السويلم, مساعد الفريان, حمد العقلا, د. فهد الدوسري, حمد الحمدان, حسين العقبي, ماجد المنيف, خالد حمزة, د. عبد الرحمن الشملان, د. معجب الشملان, د. معجب الزهراني, د. إبراهيم البعيز, د. موافق الرويلي, سيف الحسيف.

قيادة المرأة للسيارة

في نوفمبر 1990 نظمت 47 سيدة سعودية تظاهرة بالسيارات في شوارع الرياض من أجل إقرار حقهن في القيادة. و ردا على ذلك أمر الشيخ عبد العزيز بن محمد آل الشيخ أعضاء **هيئة الأمر بالمعروف والنهي عن المنكر** بوقف المظاهرة واعتقال السيدات وتم إطلاق سراحهن بحضور أولياء امورهن واعتقل على اثر هذه التظاهرة أحد الصحفيين المساندين لهن، واعتقد الاسلاميين حينها أن هناك علاقة مباشرة بين هذه التظاهرة ووجود القوات الأمريكية، لأن الناس شاهدوا مجندات أمريكيات يقدن شاحنات الجيش الامريكي في السعودية وتعتبر هذه المظاهرة أول حراك نسوي يجري في السعودية اقتصر على حقهن في القيادة وخلا من أي مطالب اصلاحية.

مذكرة النصيحة:

وبعد خطاب المطالب عام 1991, في 1992 قدم عدداً من العلماء مذكرة النصيحة وقدموها إلى ابن باز، كما اقترح هو ذلك. طُلب منه مراجعة المذكرة وتقديمها للملك فهد. وتسربت المذكرة إلى صحيفة "**المحرر**" اليومية الصادرة من باريس، وحملت المذكرة عنوان: "**مذكرة النصيحة**"، وكانت موقعة من أكثر من مائة عالم وأستاذ جامعي. منهم الحوالي والعودة وعبد الله بن الجبرين وغيرهم وجند الملك فهد هيئة كبار العلماء للرد على المذكرة على شكل بيان في دورة الهيئة التاسعة والثلاثين في

مدينة الطائف في 1413هـ موقعة من ابن باز وأعضاء الهيئة ، ينكر الإدعاءات بإسهام ابن باز في تزكيتها.

واتهم المجلس الموقعين على المذكرة بالتشجيع على الانشقاق ، مختلقين نقائص في المملكة ومبالغين في مواطن الضعف ، ومتجاهلين الأعمال الجيدة التي قامت بها الدولة. وقال العلماء أن المذكرة تتناقض مع أساليب تقديم النصح ، وأن لدى الذين وقعوا المذكرة صِلات أيديولوجية منحرفة.

وأبرز ما جاء في مذكرة النصيحة من محتويات

1. دور العلماء في الحياة وضرورة استقلالهم وأن يكون لهم مكانة لا تعدلها مكانة ، وأن ترجع الأمة حكاماً ومحكوماً إليهم للحل والعقد والأمر والنهي وبيان الحكم الشرعي لسائر أمور دينهم ودنياهم.

2. مراجعة القوانين والأنظمة القائمة في المملكة العربية السعودية لأنها تصادم الشريعة الإسلامية والعمل على وضع قوانين وأنظمة (شرعية) بديلة.

3. إصلاح القضاء وذلك عن طريق توحيد جهة التقاضي وإزالة المخالفات الشرعية الناجمة عن ذلك ، وضمان استقلال القضاء وضمان سرعة إنفاذ أحكامه وحماية الحقوق ، وضمان قيام القضاة بواجبهم نحو تحقيق العدل والتجرد ، ورفع مستوى أداء

أعمالهم ، وبسط هيمنة الشرع على الكافة وضمان حقوق العباد وفق النظر الشرعي.

4. واقع الكرامة والحقوق الإنسانية وذلك بإلغاء كافة التعليمات والأوامر ، والأحكام في الأنظمة وفي لائحة الادعاء والتحقيق ولائحة التوقيف على الأخص ، التي تجيز التعدي على حقوق الأفراد من منع من سفر ، ومنع تعذيب أو انتهاك كرامة الإنسان لانتزاع الاعترافات وتكوين لجنة عليا مستقلة عن الأجهزة الحكومية للحقوق الشرعية ترتبط برئيس مجلس الوزراء مباشرة ، وإلغاء كافة اللجان التي تقوم بأعمال ذات اختصاص قضائي ، وضع تنظيم يتيح لكل فرد انتهكت حقوقه الشرعية الحق في التعويض المادي والمعنوي عن كل ضرر لحقه ، ضمان حقوق المتهم والموقوفين والممنوعين من السفر.

5. إصلاح الوضع الإداري وذلك عن طريق مراجعة جميع الأنظمة المالية والإدارية الحالية من قبل أشخاص يوثق بعلمهم وخبرتهم ، وأن تتسم الأنظمة بالمرونة وان تعطى الصلاحيات لكل مسئول من اصغر موظف إلى الأكبر في تدريج المسؤولية ، اختيار الكفاءات والقادرين من ابناء الامة لتولي المناصب وخاصة المناصب الكبيرة ، ومعاقبة من يثبت استغلاله لسلطة الوظيفة ، وإيجاد تنظيم لتغيير الوزراء وكبار الموظفين واستبدالهم بغيرهم دورياً أو إذا ظهر عليهم الوهن وضعف الأداء ، وإزالة المظاهر

الجاهلية في التعصب الإقليمي والفئوي في وظائف الدولة ، وحذف ألقاب التفخيم التي ما أنزل الله بها من سلطان وليس لها أساس شرعي ولا استحقاق علمي.

6. الإصلاح الاقتصادي وذلك من خلال إيقاف جميع المساعدات والقروض والهبات الخارجية عن الدول والأنظمة الكافرة ، وقصرها على المسلمين ، إيقاف جميع أشكال الصرف على المجالات التي تعد شكلاً من أشكال الإسراف والتبذير كملاعب الرياضة والقصور الفخمة ، التوقف الفوري عن الاقتراض لأن في ذلك إثقال لكواهل الأجيال القادمة ، إيقاف استثمار الدولة لمالها عن طريق الربا ، المحافظة على الثورة النفطية وغيرها من الثروات الإستراتيجية ، وإعطاء الخدمات الضرورية كالصحة والتعليم والضمان الاجتماعي والطرق ما تستحقه من أولوية ، إخضاع جميع أوجه التحصيل والصرف للمال العام وغيرها من الثروات للرقابة الدقيقة ، إيجاد برنامج عملي للقضاء على ظاهرة الربا ، منع جميع أشكال الاحتكار ، وإلغاء جميع الامتيازات ، وضمان التكافؤ في التنافس بين الناس ، فصل أموال الزكاة عن بقية أموال الدولة.

7. إصلاح الخلل في الوضع الاجتماعي وذلك بالتأكيد على مسئولية الدولة تجاه كل فرد من مواطنيها والمقيمين فيها بحيث تتكفل بحاجاته الأساسية وإعادة النظر في مخصصات

المحتاجين ، ووضع إجراءات ميسرة تمكن كل ذي حاجة من إثبات حاجتهم شرعاً ثم الحصول على ما يخصص لهم ، ووضع مخصص مالي شهري أو دوري لكل طفل حتّى يستطيع العمل أو يحصل على وظيفة ،و تيسير السلف والمعونات لراغبين في الزواج بمبالغ مناسبة ، وإيقاف بناء القصور الضخمة من بيت مال المسلمين والمنح العقارية إلا للمحتاجين من ذوي الدخل المحدود والمخصصات المالية للأسر الغنية ، وعدم صرف أي استهلاك شخصي من بيت مال المسلمين.

8. وفي مجال الجيش تمت الدعوة إلى إنشاء جيش قوي يليق بهذه البلاد المقدسة بحيث لا يقل عدده عن نصف مليون جندي وفرض التدريب العسكري على كل فرد قادر على حمل السلاح والاعتناء بالجيش الاحتياطي ، وتنويع مصادر السلاح ، وبناء صناعة عسكرية وطنية متقدمة والاستفادة من خبرة علماء هذا البلد وإذكاء روح الجهاد والإيثار وحب التضحية إلغاء كافة الارتباطات والمعاهدات العسكرية التي تُخل بسيادة الدولة واستقلالها وعدم الاعتماد على اية قوة عسكرية خارجية مهما كانت في الدفاع عن البلاد وحماية أمنها.

9. إصلاح الإعلام وذلك بوضع سياسة إعلامية جديدة تركز على تحقيق المقاصد الشرعية وإقامة مجلس استشاري للإعلام أعضاؤه من أهل الاستقامة ، فسح المجال للتعبير المشروع عبر

كافة وسائل الإعلام وتشجيع الرأي الصادق والنصيحة الغيور، إيقاف مظاهر التبرج والسفور، إخضاع المادة الإعلامية الخارجية لرقابة شرعية الاهتمام بقضايا المسلمين وتخصيص بث إعلامي يستهدف التبشير بالإسلام.

10. واقع العلاقات الخارجية وسبيل إصلاحه عن طريق تبني سياسة الوحدة الإسلامية ودعم قضايا المسلمين والتعامل بحكمة مع الدول والتكتلات والتوجهات المعادية للإسلام، وإعادة النظر جذرياً في وزارة الخارجية وأوضاع السفارات والسلك السياسي وإزالة جميع المظاهر التي تخالف تعاليم الإسلام سفاراتنا وزيادة المنح للدراسة في جامعات المملكة ومعاهد اللغة العربية للطلاب المسلمين وعرض الإسلام في المحافل الدولية والدعوة إليه.

فتم استدعاء العديد من الأسماء التي قامت بإعداد البيان، واعتقلت أسماء أخرى، وأعلنت أسماء أخرى انسحابها من البيان، وأنكرت أخرى توقيعها ومعرفتها بالبيان.

لجنة الدفاع

في إبريل 1993م اجتمع سراً عدد من مثقفي الصحوة بقيادة سعد الفقيه ومحسن العواجي ومحمد الحضيف وألتحق بهم لاحقاً عبد العزيز القاسم وعبدالعزيز الوهيبي ومحمد المسعري واتفقوا على تأسيس لجنة للدفاع عن حقوق الإنسان لكنهم أرادوا أن

يكون أعضاؤها المؤسسون الرسميون من المشهورين فكان الإختيار على ستة من المشايخ والمهنيين المشهورين وهم: عبد الله المسعري وعبد الله بن جبرين وعبد الله التويجري وعبد الله الحامد وسليمان الرشودي وحمد الصليفيح.

في 3 مايو 1993م صدر بيان بتوقيع الستة المشهورين معلناً تأسيس "لجنة الدفاع عن الحقوق الشرعية" ونص البيان أن غاية اللجنة "رفع الظلم والدفاع عن حقوق الإنسان التي تقررها الشريعة وطلبت من الناس التعاون بالإبلاغ عن المظالم وتولى محمد المسعري منصب الناطق الرسمي باسم اللجنة. عقِب تأسيس اللجنة صدر بيان من هيئة كبار العلماء "بعدم جواز إقرارها و أنها غير شرعية وأنه افتيات على ولي الأمر، وأنه يؤدي إلى الفوضى وأن المملكة تحكم بشرع الله والمحاكم الشرعية منتشرة في جميع أرجائها لا تمنع أحد من رفع ظلامته إلى الجهات المختصة في المحاكم أو ديوان المظالم".

في 15 مايو اعتقل المتحدث الرسمي باسم اللجنة محمد المسعري (أطلق سراحه في شهر نوفمبر من نفس السنة)، واعتقل عبد الله الحامد في 15 يونيو وسعد الفقيه ومحسن العواجي و12 أكاديمي آخرين من الداعمين للجنة.

بعد خروج المسعري من السجن قررت اللجنة فتح مكتب لها في لندن واختارت أن يمثلها كل من سعد الفقيه ومحمد

المسعري. في عام 1994 خرج الفقيه مع أسرته إلى لندن بينما وصل المسعري إليها بعد أن تسلل إلى اليمن وبدأ نشاط اللجنة مجددا في أبريل 1994 بإرسال منشوراتها إلى داخل المملكة بالفاكس ، وفي عام 1996 نشب خلاف حاد بين المسعري والفقيه أدى إلى انفصال الفقيه وتأسيسه الحركة الإسلامية للإصلاح في مارس 1996م, بينما تم فصل ابن جبرين والمسعري والتويجري والصليفيح والحامد من وظائفهم وسحب رخص المحاماة والاستشارات الممنوحة للمسعري والرشودي وإغلاق مكاتبهما.

خطاب "رؤية لحاضر الوطن ومستقبله"

في 27 من ذو القعدة من عام 1423ه الموافق 30 يناير 2003 قدم عدد من النشطاء خطاب "**رؤية لحاضر الوطن ومستقبله**"، إلى ولي العهد آن ذاك الأمير/ عبد الله بن عبد العزيز, عبروا فيه عن قلقهم لما يتعرضله الوطن من مخاطر منذُ تداعيات أحداث 11 /9 /2001م وأعلنوا عن تضامنهم في التصدي لهذه الأخطار وأن مواجهتها تستدعي إصلاحاً جدياً وطالبو بإطلاق الحريات والدعوة إلى انتخابات حرة ووقف هدر المال العام وحفظ حقوق المرأة ومعالجة التمييز الرسمي وغير الرسمي الحاصل بين المواطنين في الوظائف والفرص أمام القانون ، وإطلاق جميع المعتقلين السياسيين وإلغاء إجراءات الرقابة والمنع من السفر لأسباب سياسية ، وتخفيف القيود المفروضة علي حرية الرأي في

المنابر فطرحوا لذلك عدة محاور والتي من خلالها يأملون أن تسهم رؤيتهم من خلال محورها الأول / الأساسي والأربعة التوالي في الجهود الحكومية والشعبية في تحديد المشكلات والحلول.

1- المحور الأول (الأساسي): مزيد من الخطوات في بناء دولة المؤسسات الدستورية عن طريق: تشكيل مجلس الشورى بالانتخاب المباشر، من جميع المواطنين، ليجسد سلطة أهل الحل والعقد والرأي (التشريعية)، وتشكيل مجالس المناطق بالانتخاب المباشر، والتأكيد على مبدأ استقلال السلطة القضائية، وإعلان ملكي يكفل ممارسة الحقوق العامة للمواطنين.

2- المحور الثاني: في سبيل حل المشكل الاقتصادي وذلك بالتأكيد على مبدأ العدالة في الخطط الاقتصادية، وتوزيع الثروة بين المناطق، ووضع الضوابط اللازمة لترشيد الإنفاق العام، وتحديد أولويات صرفه، ومكافحة الفساد المالي، وتقوية وتفعيل أنظمة ومؤسسات الرقابة والمحاسبة، واعتبار الدَين العام هماً وطنياً ومسؤولية كبرى.

3- المحور الثالث: تقوية التفاعل بين المجتمع وقيادته: بالتأكيد على دور الدولة والمجتمع في إشاعة ثقافة حقوق الإنسان، التي أمرت بها الشريعة، وإصلاح نظام الخدمات العامة الأساسية، ووضع برامج عملية لحل مشكلة البطالة المتنامية، وتحديد الحد الأدنى لأجور العاملين، ومعاشات المتقاعدين،

وأيضاً التأكيد على أن المرأة نصف المجتمع وعنصر أساسي في تكوينه وبنائه ، ولذا ينبغي أن تتاح لها الحقوق التي كفلتها الشريعة ، لكي تنهض بواجباتها المشروعة ، وتفعيل دورها في الشأن العام.

4- المحور الرابع: إطلاق مبادرات إصلاحية وذلك بالعفو عن المعتقلين بتهم سياسية أو محاكمتهم محاكمة عادلة ، وإعادة الحقوق المادية والمعنوية ، وتوفير الحريات المشروعة.

5- المحور الخامس: دعوة إلى مؤتمر وطني للحوار في المشكلات الأساسية ويشارك فيه نخبة من ذوي الرأي ، المهتمين بالمشاركة في الشأن العام ، لمناقشة هذه المشكلات والتحديات. من اجل وضع أساس دستوري.

ووقع على هذه المذكرة أكثر من مئة شخصية سياسية من مختلف ألوان الطيف السياسي والديني السعودي. ومن بين الموقعين وزراء سابقون وأساتذة جامعات وكتاب ورجال أعمال. وتضمنت القائمة أيضا خليطا من الليبراليين ورجال الدين وشخصيات من الطائفة الشيعية ، وأبرز الموقعين :

أ. د. عبد الله الحامد ، أستاذ جامعي سابق ، أ. د. متروك الفالح ، أستاذ جامعي ، علي غرام الله الدميني ، محرر **مجلة النص الجديد** ، وأيضاً: محمد سعيد طيب ، مستشار قانوني ، سليمان

الرشودي ، قاض سابق ومحام ، أ. د. توفيق القصير ، أستاذ جامعي سابق ، محمد صلاح جمجوم ، وزير سابق ورجل أعمال.. وغيرهم.

وقد تم إرسال نسخة إلى عدد من الأمراء ومن ضمنهم الأمير سلطان بن عبد العزيز ، والأمير سلمان بن عبد العزيز ، والأمير نايف بن عبد العزيز وغيرهم.

وكان الرد من ولي العهد عند استقباله لهم قوله: "**رؤيتكم رؤيتي ومشروعكم مشروعي**".

الإصلاح الدستوري أولاً

وفي 22/ 10/ 1424هـ الموافق 16 ديسمبر من العام 2003م قدم مجموعة من النشطاء أيضاً خطاب ثاني باسم: "**الإصلاح الدستوري أولاً**" لولي العهد الأمير عبد الله بن عبدالعزيز ، والذي يعتبر الخطاب الثالث المقدم في هذا العام ووضعوا رؤيتهم فيه التي تقول بنبذهم للعنف وإدانتهم له وأن مناخ الانفتاح للمشاركة الشعبية ولا سيما حرية التفكير والتعبير هي البيئة الطبيعية لنمو الاعتدال في الأفكار والأعمال ولمجتمع يرفض الغلو والعنف.

واحتوى هذا الخطاب كما سبقه من خطابات على مطالب من شقين ، الشق الأول موجه للقيادة طالبوا فيه بالإصلاح الدستوري المؤسس على كتاب الله وسنة رسوله عليه الصلاة

والسلام ، والذي يشكل إطاراً لتجسيد المشاركة الشعبية وذلك عن طريق:

1- إقرار الحقوق والحريات العامة للمواطنين التي أقرها الاسلام.

2- انتخاب مجلس لنواب الشعب.

3- تطبيق مبدأ الفصل بين السلطات الثلاث: تنفيذية ونيابية وقضائية.

4- السعي الحثيث لتعزيز استقلال القضاء عبر اجراءات وهياكل تضمن حياده ونزاهته.

5- تقرير قيام مؤسسات المجتمع الأهلي المدني ، ثقافية واقتصادية ومهنية واجتماعية وسياسية.

والشق الثاني يتضمن نداء إلى الشعب بكافة أطيافه وشرائحه بتأييد الدعوة إلى الإصلاح الدستوري وذلك لأن:

1- أن الإخلال بالشورى الشعبية أدى إلى مفاسد كبرى حاضرة على المجتمع والدولة ، وسيؤدي إلى مفاسد كبرى متوقعة ، وأن النظام الدستوري يضمن تطبيق شريعة الحق والعدالة والحرية والمساواة والكرامة الوطنية ، وأن التعاون هو أساس قوة المجتمع والدولة أمام الفتن والتحديات الداخلية والخارجية.

2- إن خير ضمان لنجاح الإصلاح الدستوري أن يكون نتيجة تفاعل إيجابي بين القيادة السياسية والفعاليات النخبية

الشعبية ، والمطالبة بتهيئة التربية الاجتماعية للإصلاح الدستوري ، بالدعوة إليه في كافة المجالس والمدارس والجوامع والمنابر .

وقد وقع العريضة عدد (116) من النشطاء إلا أن بعضاً منهم انسحب من التوقيع عليها في وقت لاحق بسبب تباين وجهات النظر الايديولوجية والسياسية لأفراد التيار الوطني الإصلاحي والذي تسبب أيضا بإجراءات معقدة في سبيل تقديمها .

وبعد ذلك في أغسطس 2004م تم التحقيق مع د. عبد الله الحامد ود. متروك الفالح وعلى الدميني وتم اتهامهم بالتهم التالية :

- التشكيك في نهج ولي الأمر وكيان الدولة القائم على تطبيق الكتاب والسنة ، وفي إثارة الفتن وتبرير العنف والإرهاب .

- والتشكيك في استقلال القضاء .

- والتدليس على الناس بهدف التشويش على أرائهم وتأليبهم على ولي الأمر .

- وتأليب الرأي العام المحلي والدولي لمصادمة السياسة الشرعية لولي الأمر .

- والتشكيك في المبادئ الشرعية التي تقوم عليها بلادنا .

- وتشكيل جماعات ضغط على الدولة وتزعمها وعقد الاجتماع لهذا الغرض .

- وكل هذه الأمور تؤدي إلى الإساءة إلى سمعة الدولة وعصيان ولي الأمر والخروج عليه.

وفي 15 مايو 2005 صدر الحكم بسجن علي الدميني تسع سنوات ، ود. عبد الله الحامد سبع سنوات ، ود. متروك الفالح ست سنوات كما تم اعتقال محاميهم عبد الرحمن اللاحم.

وفي 8 أغسطس 2005 بعد تولي الملك عبد الله بن عبد العزيز الحكم أصدر عفواً عن الإصلاحيين الثلاثة وعن محاميهم عبد الرحمن اللاحم.

معالم في طريق الملكية الدستورية:

في يوم الأحد 13 ربيع الأول 1428هـ (1 /4 /2007م) قام عدد من الناشطين البارزين وهم خالد بن سليمان العمير ومحمد بن حديجان الحربي ومسفر بن صالح الوادعي ومسفر بن علي الميموني ، بتقديم خطاب: "**معالم في طريق الملكية الدستورية**" الذي تضمن تذكيرا للقيادة لما ذُكر في خطاب الرؤية وما تجسده كلمات الملك عبد الله في رده عليه وفي خطاب البيعة من إدراك المسؤول الأول في الدولة بأن العدل والشورى أساس الحكم الناجح ووعداً بالسير الحثيث لبناء دولة العدل والشورى ، كما تضمن أهم معالم العدل والشورى في البلاد والتي تعتبر المطالب الرئيسية لتكوين مملكة دستورية وهي:

أولاً: إصدار أنظمة تضمن مكافحة الفقر والعدل في قسمة المال والأراضي.

ثانياً: إنشاء مجلس: لنواب الأمة (أهل الحل والعقد).

ثالثاً: أن تبادر الدولة بإصدار نظام، (مدونة) تعترف بالحقوق التي قررتها الشريعة: التي كفلت حرية الرأي والتعبير والتجمع

رابعاً: إصدار نظام يقرر مشروعية تجمعات المجتمع المدني الأهلية، واستقلالها عن الحكومة، وإنشاء مجلس أعلى أو وزارة خاصة بها لتنظيم إجراءات التسجيل.

خامساً: توزيع مهام وزارة الداخلية المتضخمة وغير المتجانسة على وزارتين: وزارة للحكم المحلي وأخرى للأمن.

سادساً: إنشاء ديوان للمراقبة والمحاسبة المالية يرتبط بالمجلس الأعلى للقضاء، ويشرف على إيرادات الدولة ومصروفاتها، ويختص بمراقبة أموالها.

سابعاً: إنشاء محكمة عدل عليا لتكون فيصلاً في مشروعية جميع الأنظمة والقرارات القوانين التي تصدرها الدولة عامة، وحكماً عند التنازع فيها، ومرجعية في البت في الطعون.

ثامناً: ربط هيئة التحقيق والادعاء العام بالقضاء أو برئيس مجلس الوزراء ويكون الارتباط الطبيعي لهيئة التحقيق

والادعاء العام، بالمجلس الأعلى للقضاء، أو وزارة العدل، أو رئيس مجلس الوزراء، كما هو الحال في الدول الأخرى.

تاسعاً: تعزيز استقلال القضاء وذك أن يبسط القضاء هيمنته على جميع اللجان القضائية، والإشراف على مدى التزام الجهات الأمنية بالقواعد والإجراءات العدلية وإعطاء القضاء صلاحيات تنفيذ الأحكام والتزام القضاة بالمحاكمة العلانية في كافة القضايا.

وقد وقع عليه أيضا عدد (99) شخصية من ناشطين حقوقيين ومعلمين ومحامين من كافة أطياف المجتمع وتوجهاته ، ومن أبرزهم:

د. عبد الله الحامد, محمد بن حديجان الحربي، خالد بن سليمان العمير، مسفر بن صالح الوادعي، ومسفر بن علي الميموني، د. موسى بن محمد القرني, د عبد الرحمن الحامد، محمد عبد الله العتيبي, محمد بن صالح البجادي، وليد سامي أبو الخير، فهد عبد العزيز العريني وغيرهم.

وعلى غرار الخطاب السابق تم إرسال نسخة إلى كبار الأمراء آن ذاك.

خطاب نحو دولة الحقوق والمؤسسات

بعد عودة الملك عبد الله من رحلته العلاجية في الولايات المتحدة وفي خضم اشتعال الثورات العربية قام عدد من الدعاة والمصلحين من أكاديميين وكتاب ومحامين وأدباء وشخصيات عامة تجاوز عددهم سبعمائة شخصية بالتوقيع على خطاب قدم للملك في شهر فبراير من عام 2011م,

يرتكز الخطاب بشكل رئيسي على ثمان نقاط محورية كمطالب لا غنى عنها للإصلاح الجذري وحفظ مكاسب الوطن ووحدته.

تتلخص تلك النقاط أو المطالب في ما يلي:

"مجلس شورى منتخب بشكل كامل، وفصل رئاسة مجلس الوزراء عن الملك، الإصلاح الشامل للقضاء واستقلاليته التامة، محاربة الفساد المالي، حل جذري لمشاكل الشباب والبطالة، إطلاق حرية التعبير، إطلاق معتقلي الرأي، السماح والمبادرة بدعم وتشجيع إنشاء مؤسسات المجتمع المدني".

وأبرز ما يميز الخطاب هو لغته الدستورية والتي كان رموز بعض الدعاة الموقعين عليها لا يتقبلونها في فترات سابقة بل يعتبرونها من المحظورات الشرعية، ومن أبرز ما يُلاحظ بعد التدقيق في أسماء الموقعين على الخطاب هو أنهم من كل شرائح المجتمع باختلاف توجهاته وطوائفه ومناطقه وطبقاته الاجتماعية

أيضاً، ومما يبعث على الفخر هو مشاركة المرأة السعودية في التوقيع على هذا الخطاب بشكل كثيف ولافت.

ومن أبرز الأسماء الموقعة على الخطاب:

أسماء الموقعين

د. خالد بن عبد الرحمن العجيمي

أ.د. خالد بن إبراهيم الدويش

د. محمد بن حامد الأحمري

د. سعيد بن ناصر الغامدي

د. عبد الله بن ناصر الصبيح

د. عبد الله بن عبد العزيز الزايدي

د. محمد بن موسى الشريف

د. علي بن عمر بادحدح

د. نورة بنت خالد السعد

د. سليمان بن صالح الرشودي

أ. جميل بن محمد علي فارسي، رجل أعمال ومهتم بالشأن العام.

د. سعاد بنت محمد حسن جابر، أكاديمية عضو جمعية الكلمة

أ. عبد الله بن محمد المالكي

أ. كمال علي عبد القادر، إعلامي

أ. عمر يحي محمد، أكاديمي

د. خالد بن ناصر الغامدي

أ. عبد الله بن عبد الرحمن البرغش

د. ناصر بن يحي الحنيني، عضو الهيئة العليا لرابطة علماء المسلمين

أ. عبد المحسن هلال، شاعر

الشيخ عبد الله بن فراج الشريف، كاتب وباحث في الشؤون الإسلامية

د. محمود محمد بترجي، كاتب

د. عبد العزيز بن حسين الصويغ، أكاديمي وباحث

أ. عبد المحسن حليت مسلم، شاعر

د. سعود بن عبد الله الفنيسان

د. عبد الله بن وكيّل الشيخ

د. سلمان بن فهد العودة

"للبيعة الشرعية شروط فلنطالب بها أيها الشعب الكريم"

وأصدر أعضاء حسم بيان بعد خطاب بطلان بيعة نايف وأيضاً عشرون خطوة لنجاح المظاهرات بيان وطرح للتوقيع أمام الرأي العام وكان عنوانه:

"للبيعة الشرعية شروط فلنطالب بها أيها الشعب الكريم"

بدء التوقيع الرياض الاثنين: 28/7/ 1433هـ الموافق 18/ 6/ 2012م، وهنا سنلخص أهم ما ورد في البيان، حيث إنه يشتمل على كم كثير من أحاديث والروايات التاريخية ولسنا

بصدد ذكرها ، فمن أراد الإستزادة فهي على **موقع جمعية حسم البيان** يذكر أن لا مشروعية للحكم العضوض ولا للحكم الجبري ويذكر المرويات التأريخية في ذلك كما يذكر أن لا مشروعية لحكم مستبد.

"ب = كل حكم جبري فهو كفر بواح ناقض للبيعة: نص حديث عبادة بن الصامت على أن الحكم الذي يمارس **"كفراً بواحاً، عندنا من الله فيه برهان"**، يجب أطره وإصلاحه. ونص النووي (شرح مسلم وغيره) على أن وصف الحكم بالكفر البواح ، لا يلزم منه الإلحاد لأن كلمة الكفر تطلق على كل معصية كبرى ، كما في حديث: **"سباب المسلم فسوق وقتاله كفر"**. وما دام النبي صلى الله عليه وسلم عظم بدعة الحكم الجبري ، فهو إذن معصية كبرى.

وكل حكم طبيعته الاستبداد المنهجي ، فلدى الناس برهان من الله على أنه يمارس جريمة (معصية) من كبائر المعاصي ، ويجب جهاده سلمياً. وقد نص العلماء على أن استبداد أي حاكم بالقرارات (دون شورى الأمة صاحبة السلطة) يوجب عزله ، بل حكى بعضهم كابن عطية الإجماع على وجوب عزله".

ثم يذكر البيان في الفقرة الثانية منه التالي:

= ثلاثون برهانا على أن الملك السعودي ليس عضوضا فحسب ، بل حكم تمييز عنصري ، ينقض عقد البيعة الشرعية نقضا منهجيا صراحاً بواحاً.

يذكر منها تنكر الحكم السعودي لمبدأ العقد الإجتماعي في الشريعة وإدخال البلاد في متاهات حروب وتحالفات لادخل لنواب الأمة فيها ، ومنها تعيين الأمير نايف ولياً للعهد وهو الذي تقع على عاتقه جرائم السجون والتعذيب عدم السماح بتأسيس جمعيات أهلية مدنية وانتخاب مجلس أمة منتخب يتحدث عن عنصرية النظام الملكي وإستئثاره بكل السلطات والقرارات وشبهه البيان بوصف إخطبوطي أحكم قبضته على الجميع بواسطة التجسس على المواطنين ، بحيث لا تخفى عليه خافية ، في بيوتهم ومساجدهم ومدارسهم الخ... واختراق الجامعات وهيئات الأمر بالمعروف والنهي عن المنكر ، وأجهزة المرور والقضاء ومكافحة المخدرات ، بعناصر مخصصة ، للتلفيق على المحتسبين.

تحدث البيان عن الخروقات الأمنية الهائلة وتطرق لتدجين الشعب والتسبب في إنفصام المواطنة، تحدث عن الإعلام المسخر في غسيل المخ وتزوير الحقائق، تطرق للسيطرة على التربية والتعليم وإفشال النهوض بالأمة والنشء، تحدث بإسهاب عن القضاء وفساده، ثم يذكر البيان شروط الإصلاح بعد أن تطرق لشورى الأمة بنوع من التفصيل والإيجاز. وأسماها بشروط العقد

الإجتماعي وحددها في أربعة عشر شرطا سأذكرها مختصرة ما عدا الفقرة الأولى فهي نصاً:

1 - حصر وظيفة (هيئة البيعة) بأنها اقتراحية ، وأن صاحبة الصلاحية هي الأمة – التي تقرر عبر نوابها – من هو (الأصلح) وإلا بطلت البيعة قطعاً. نص نظام الحكم على أنه لا يعين إلا الأصلح ، لشغل وظيفة ولي العهد ، الذي سيرشح ملكا في ما بعد ، والصلاح ليس سراً ولا لغزاً ، فكل أمير مستبد متكبر متجبر ، ليس هو الأصلح ، وكل أمير نهاب ليس هو الأصلح ، وكل أمير أخاف الناس وزرع الرعب فيهم إنما هو الأفسد ، وكل أمير سكت عن مآسي السجون ورفض المقاضاة لا يوثق به.

إن مبدأ المشروعية لا يمكن بحال من الأحوال ، أن يبرر أن تنفرد الأسرة الحاكمة بتقرير من هو الأصلح ، من خلال ما أسمته "هيئة البيعة". فالدولة ليست ميراثا ، ليقرر الورثة من يدير الوقف أو الوصية. هذا أمر لا يقرره إلا مندوبو الأمة (أهل الحل والعقد) المسمون (أهل الشورى) وشورى الأمة ، لا يجسدها أعيان وعلماء موظفون مستضعفون ، بل يجسدها نواب منتخبون في مجلس نواب ، ومن أجل ذلك لا صحة لبيعة (ظاهرها اختيار) وباطنها إكراه وإجبار.

ينبغي تعديل نظام (هيئة البيعة)، لتتم البيعة عبر ثلاث خطوات:

أولاها: ترشح الأسرة الحاكمة (من خلال هيئة البيعة أو غيرها) أكثر من واحد ، لولاية العهد.

ثانيتها: يوصي الملك بالموافقة على تولية أحدهم.

ثالثتها: مجلس نواب الأمة المنتخب هو الذي (يبايع) ولي العهد.

رابعها: هذه الخطوات كلها تكون مكتوبة في الدستور معلنة للشعب ، ولا يجوز أن تكون سرية داخل كواليس الأسرة الحاكمة.

2 - لا تصح مبايعة أي شخص ولياً للعهد إلا إذا التزم بأن يطبق شروط البيعة الشرعية على كتاب الله وسنة رسوله صلى الله عليه وسلم.

3 - ملك واحد لا شريك له ، لا شركاء ميراث وعلى الأسرة أن تفهم أن الشعب يبايع ملكا وليس أسرة.

4 - ينبغي أن تكتفي الأسرة الحاكمة ، بمنصب (العرش) ومنصب(ولي العهد) وأن لا يتولى أحد من أفرادها في أي منصب حكومي ، سيادي أو غير سيادي.

5 - السماح بإنشاء أحزاب سياسية .

ثم تدرجت بقية الفقرات بين

- إنشاء برلمان شعبي منتخب رجالاً ونساء ، تطبيق النظام البرلماني الذي تتنافس فيه الأحزاب السياسية, يكلف فيه الملك رئيس الحزب الفائز رئيساً لمجلس الوزراء ، ويكون خاضعاً للرقابة والمسائلة الشعبية, وأن تمارس الأمة قوامتها عبر السماح بإنشاء جمعيات ونقابات وروابط ، ثقافية وسياسية واجتماعية واقتصادية ومهنية.

السماح بحرية التعبير والتفكير والتجمع والمظاهرات وتحويل (هيئة كبار العلماء) من هيئة معينة إلى هيئة أهلية منتخبة من عموم الفقهاء والعلماء, تفعيل استقلال القضاء ، إنشاء لجنة تقصي حقائق انتهاكات وزارة الداخلية حقوق الإنسان ، وإحالة مرتكبيها إلى القضاء ، ولاسيما احتمالات ارتكاب جرائم ضد الإنسانية ، وزرع التطرف والإرهاب ، ورعاية خطاب ديني محرف يدعم الاستبداد والكراهية والتخلف.

إنشاء لجنة شعبية مشتركة من دعاة الإصلاح والحكومة لا يقل أفرادها عن 30 عضواً لإعداد دستور للبلاد وطرحه للتصويت الشعبي.

<u>**وحمل توقيع عدة اسماء منها:**</u>

1. **أحمد بن سليمان بن أحمد الخضيري / الرياض**
2. **بدر بن علي بن سعود ثواب / بائع / الرياض**

3. بكر بن إبراهيم بن علي الجوني / دارس علوم شريعة / مكة

4. م.حسين بن ساعد بن معاضة الزايدي/ مكة المكرمة

5. م.سعود بن عبد العزيز الدغيثر / الرياض

6. سليمان إبراهيم الرشودي/ قاض سابق ومحام

7. د/ شائم بن لافي بن غانم الهمزاني/ عضو هيئة تدريس / الرياض.

8. شريفة بنت ابراهيم بن علي المشاري/ماجستير ثقافة اسلامية /حائل

9. عبد الرحمن بن جمعان الدوسري/ محقق شرطة سابق / الرياض

10. د/ عبدالرحمن بن حامد الحامد/ مدرس الاقتصاد الإسلامي / كلية التقنية / القصيم.

11. عبد العزيز بن عبد الله الطبيب / باحث ماجستير في الفقه المقارن/ القصيم.

12. عبد العزيز بن يوسف بن محمد الشبيلي/ عمل حر وناشط حقوقي / عنيزة.

13. د/ عبد الكريم بن يوسف الخضر/ أستاذ الفقه المقارن/ جامعة القصيم.

14. د/ عبد الله الحامد (أبو بلال)/ أستاذ سابق في جامعة الإمام/ الرياض.

15. عبد الله بن محمد بن حمد السعيد/ علوم شريعة/ القصيم

16. د/ عبد الله محمد عبد الرحمن النعمي/ رئيس مركز العلم للبحوث والدراسات.

17. عبد المحسن بن علي العياشي/ مدرب رياضي/ الرياض

18. عثمان صالح علي الصالح/ موظف حكومي/ حائل

19. م. علي أحمد الشملان/ مهندس /الأحساء

20. عمر بن فراج بن احمد الفراج

21. عمر بن محمد بن حمد السعيد/ علوم شريعة/ القصيم

22. عيسى بن حامد الحامد/ فني صحي /بريدة

23. م. فوزان بن محسن الحربي /الرياض

24. د/ محمد بن فهد القحطاني/ أستاذ علم الاقتصاد السياسي/ الرياض.

25. مخلف بن دهام الشمري/ ناشط حقوقي/ الخبر.

26. مسفر بن صالح الوادعي/ رجل أعمال/ الباحة

27. ممدوح بن ساعد الزايدي/ علوم شريعة/ مكة المكرمة

28. هود بن حمود صالح العقيل/ جامعي/ القصيم

29. وليد سامي محمد أبو الخير/ رئيس مرصد حقوق الإنسان في السعودية/ جدة.

30. ياسر محمد القفاري/ سكرتير تنفيذي بإدارة التعليم/ القصيم

وقد تعرَّض أعضاء حسم للمنع من السفر بسبب الخطابات السابقة وتم التحقيق مع الدكتور محمد القحطاني وعبد الله

الحامد وصدر ضدهم أحكام جائرة تصل مجموعها إلى 21 سنة وأيضاً تم اعتقال الدكتور عبد الكريم الخضر وحكم عليه بالسجن 3 سنوات نافذة وخمس سنوات غير نافذة والمنع من السفر ، وأيضاً اعتقل عمر السعيد وتجري محاكمته ، كما استدعي فوزان الحربي للتحقيق ما زال رهن التحقيق وأيضا استدعي أعضاء آخرين منهم عبد الرحمن الدوسري.

<u>خطاب مفتوح من الشيخ سلمان العودة</u>

تلى ذلك وتحديداً في شهر مارس من عام 2013 م أن قدم الداعية سلمان العودة خطاباً مفتوحاً للملك اشتهر هذا الخطاب باسم: **"خطاب مفتوح من الشيخ سلمان العودة للملك"**

تراوحت لغة الخطاب بين الرجاء والأمل والعتاب اللطيف ، ذكر من ضمن فقرات الخطاب أنه تقدم بنصائح سابقة ولم يجد لها أثر وذكر أيضا أنه ملزم بتقديم واجب النصح كما قال نصاً:

"النص الذي أوجب السمع والطاعة بالمعروف في العسر واليسر، هو الذي أوجب قول كلمة الحق أينما كنا لا نخاف في الله لومة لائم".

كما ألمح في خطابه لآمال الناس وتطلعاتهم مثل سائر الشعوب من حولنا لهم مطالب ومشاعر ويمتلكون المؤثرات من الغضب وغيره كباقي الناس ، وأن الإصلاح والمبادرة إلى ذلك من

السلطة هو صمام الأمان والسبيل إلى حفاظ الوطن على وحدته
ومكتسباته, ألمح إلى هاجس الدولة الأمني وأن هذا الهاجس يجر
إلى مزيد من الأخطاء وزيادة التذمر والغضب لدى الناس وبالتالي
يحفز على الفوضى لا الأمان.

تحدث عن السجون والسجناء وكيف أن معاقبة المشتبه
بهم بالاعتقال لا ينزع فتيل الأحقاد بل يزيدها خصوصا مع تكرار
الإساءات للسجناء وما يتعرضون له وأن إساءة جندي أمن واحد
لمواطن تمثل إساءة للوطن بشكل عام.

كما تحدث عن الإعلام وقال أن الناطقون الرسميون
يعبرون عن بؤس، وينتمون إلى زمن مضى، وليس لمنطقهم أي
تأثير. وأن الأداء الإعلامي قائم على الحجب والتدخل الأمني في
عصر الشبكات الاجتماعية والكاميرات المحمولة التي توثق
الأحداث فوراً. وذكر أن الجيش الأمني في تويتر وقيامه مع قنوات
(شبه) حكومية يرمي الدعاة والمصلحين بأنهم دعاة فتنة وتحريض
وألمح أن حديث الجهات الأمنية عن السجون لن يرضي الناس
وأنهم يحتاجون إلى جهات مستقلة تقدم تقاريرها عن السجناء،
كما ذكر أن ما تقوم به الجهات الإعلامية الأمنية في ما يخص قضية
شهداء الواجب هو ابتزاز صريح للمواطنين فالناس مع شهداء
الوطن ومع إطلاق الأبرياء, كما ألمح أن التغافل عن الأسباب

الحقيقية للأوضاع الداخلية وترويج أن هناك جهات خارجية تقف وراءها ليس حلاً.

ثم ذكر في سبيل المعالجة لهذه الأوضاع أو ما يراه حلاً أن الناس ليس لديهم ما يخسرونه إذا زادت القبضة الأمنية وخصوصا أن الداخلية لم تنشغل بأمر الإفراج عن المعتقلين مثل ما انشغلت بأمر اعتقالهم كما ذكر أن آليات الاعتقال وارتباط التحقيق والإدعاء العام بوزارة الداخلية بدلاً من وزارة العدل غير مبرر وليس له مشابه في كل دول العالم.

وتطرق إلى التعذيب والانتهاكات والقتل في السجون، تحدث عن عدم شرعية اعتقال الأبرياء خوفاً من سلوكهم بعد الإفراج، تحدث عن وجوب الإفراج عن معتقلي حسم وإصلاحيي جدة ومعتقلي الرأي وتعويضهم حفاظا على الوحدة واللحمة الوطنية، وتحدث أيضاً عن ما يثير غضب الناس وأن الاستجابة لمطالب الناس المشروعة ليست ضعفاً وذكر أنه يجب الإفراج الفوري عن كل بريء والتعويض والاعتذار بشجاعة وذكر أن المفرج عنهم يجب أن تعاد إليهم حقوقهم كاملة.

وذكر أن من أسباب الاحتقان: الفساد المالي والإداري — البطالة — السكن — الفقر — ضعف الصحة والتعليم — غياب أفق الإصلاح السياسي, ذكر أننا كلنا في قارب واحد لن ينجو أحد إذا

غرق القارب وذكر في نهاية خطابه أنه لم يدفعه لتقديم هذا الخطاب غير حبه لهذا الوطن وإخلاصه للحاكم والمحكوم.

الخلاصة

يتضح من طبيعة النظام الحاكم وحركة المجتمع أن الإصلاح ضرورة لنهضة مجتمعنا ويصب في مصلحة الملكية أولا والدولة والمجتمع وان الجمود والاستبداد يشكل خطر حتمي على الملكية فلم يتخذ النظام أي مبادرات لإصلاح الخلل في أسس النظام السياسي ، ما عدا إصلاحات شكلية فرضتها عليه الاوضاع الدولية ، والرفض للإصلاح واضح وصريح من خلال تعاطي الأسرة الملكية مع المطالب وليس هناك تدرج في الإصلاح كما يردد المسؤولين في الحديث عن الإصلاح وما تحقق وفي 1412/8/27هـ بالأنظمة الثلاث:

1- النظام الأساسي للحكم.

2- نظام مجلس الشورى.

3- نظام المناطق الذي يقسم المملكة إدارياً إلى 13 كان مطروحاً.

وفي 1958م من تنظيم الأمراء بشكل أفضل وأصبح إجراء شكلي فالنظام الأساسي يتم خرق مواده خصوصاً (26) (31) (37) (38) (81) والمجلس استشاري لا يتمتع بأي صلاحيات ولم يكن للمواطن حضور في إدارة المناطق الادارية وبرغم من اعتراف

السلطة الملكية بالحقوق السياسية في الميثاق العربي لحقوق الانسان في المادة الثانية التي تنص على:

للشعوب كافة الحق في تقرير مصيرها والسيطرة على ثرواتها ومواردها ولها الحق في أن تقرر بحرية اختيار نمط نظامها السياسي وأن تواصل بحرية تنميتها الاقتصادية والاجتماعية والثقافية.

إلا أن المملكة ترفض الاعتراف بالحقوق السياسية للمواطنين وتجرمهم عندما يتقدمون بمطالب إصلاحية كما تقدم ذكره بدل التعامل مع كافة مقدمي مطالب الإصلاح على أساس أنهم من خيرة أبناء البلد المخلصين تتعامل مع المطالبين بندية مما اضاع على الوطن والمواطن فرص للرقى به وتطويره بتوظيف ثرواته وتنويع مصادر الدخل وبناء وطن متقدم فطريقة نظام الحكم شبيهة بنظم العصور الوسطى لم تعد صالحة لهذا العصر فلم يجعل الإسلام الاستبداد السياسي أحد أركانه بل أزال عروش الاستبداد وملكيات كسرى وقيصر.

وما تقدَّم من العرائض والخطابات فيها كثيراً من الحلول ونعتقد ان افضل الحلول تقاسم السلطة مع الشعب الملكية بالعرش وإدارة الدولة للشعب ضمن عهد وعقد بين الأسرة والمواطنين في نظام ديمقراطي بمرجعية إسلامية.

وأيضاً للمواطنين والمعارضة الاصلاحية دور في تأخر الاصلاح بعدم الاتفاق على مشروع وطني موحد ومطالب موحدة والتشتت في المطالب بين ايدلوجية وفئوية ووطنية وتعاني المعارضة من عدم التواصل والحوار بين الجماعات الناشطة وإن وجد الحوار تغلب عليه الندية والتعنت في الآراء عن البحث عن نقاط مشتركة تكون نواة مشروع وطني يجتمع عليه الجميع لإنقاذ البلاد والملكية من الثورات والانقلابات وتبعاتها من التفكك وحماية المجتمع من المعاناة بسبب الاستبداد السياسي وتبعاته. كما تعاني بعض تجمعات المعارضة من غياب نقد الذات مما يؤدي لضعف العمل وتنظيمه.

المرأة جزء مهم في العملية الإصلاحية ولها حضور قوي وفاعل بشكل فاقت فيه الرجل ومن المهم إقتناعها ان مفتاح بوابة حقوقها بعد الرفض من عام 1990 إلى 2013 هو في الإصلاح السياسي الشامل, ودخول المرأة مجلس الشورى إجراء شكلي وحقيقة دور المرأة في المجلس في صوتها وإرادتها عبر ممثلين لها رجال ونساء في مجلس له الصلاحيات التشريعية الكاملة.

وأخيراً نسأل الله التوفيق والصلاح للوطن والمواطن.([12])

([12]) تقرير: حركات الاصلاح في السعودية – إعداد: سلوى الشهري، نورة الفهد، عبد الله العطاوي، سارة الفواز، محمد العتيبي، وسارة الفهد – موقع وكالة أحرار الحجاز الوطنية للأنباء – 11 / 11 / 2013 – الرابط:

أعده: 1- سلوى الشهري. 2- نورة الفهد. 3- عبد الله العطاوي. 4- سارة الفواز. 5- محمد العتيبي. 6 – سارة الفهد.

"حزب الله الحجاز"

40 عاماً من التصدير الأمني لولاية الفقيه والتثوير بالسلاح

تدريب عناصره جرى بجنوب لبنان في معسكرين

الرياض: هدى الصالح

وضع بيان وزارة الداخلية السعودية الصادر أخيراً حزب الله (السعودي) تحت المجهر، بعد الإعلان عن حظره ضمن مجموعة من التيارات والأحزاب والتنظيمات المتطرفة محلياً وعربياً ودولياً.

---

http://www.sa.ahrarulhijaz.com/index.php/%D8%A3%D8%B1%D8%B4%D9%8A%D9%81/item/4159-%D8%AA%D9%82%D8%B1%D9%8A%D8%B1-%D8%AD%D8%B1%D9%83%D8%A7%D8%AA-%D8%A7%D9%84%D8%A7%D8%B5%D9%84%D8%A7%D8%AD-%D9%81%D9%8A-%D8%A7%D9%84%D8%B3%D8%B9%D9%88%D8%AF%D9%8A%D8%A9.html#sthash.ErXXDzkd.dpuf

وأعادت هذه الخطوة إلى الواجهة من جديد بحث صعود التيارات الحركية الشيعية وتسييس المذهب بعد ما سمي: "الحراك الشيعي" في أعقاب نجاح الثورة الخمينية في إيران وتصدير الفكر الأممي باستخدام السلاح وتبني العنف تحت ما سمي "حزب الله الحجاز". بدأ تسييس الهوية الشيعية السعودية بعد أن جرى استيراد ولاية الفقيه بنسختها الشيرازية عبر أتباع السيد محمد الحسيني الشيرازي الذي كان سباقاً إلى إحياء نظرية ولاية الفقيه في ستينات القرن الماضي، ودخول الحركات الدينية على خط التثوير الاجتماعي.

وبحسب ما ذكره كل من بدر الإبراهيم ومحمد الصادق في كتابهما المشترك "الحراك الشيعي في السعودية.. تسييس المذهب ومذهبة السياسة" الصادر عن "الشبكة العربية"، فقد نشأت حركة "الطلائع الرساليين" عام 1968 بقيادة المدرسي ومباركة الشيرازي، وسعت الحركة إلى التجديد الديني وأسلمة المجتمع وشمولية الدين حتى تأثرت بأفكار علي شريعتي حول مفهوم انتظار المهدي، وأدبيات الإخوان المسلمين وأفكار سيد قطب حول الجاهلية والحاكمية وبأبي الأعلى المودودي.

وبعد انتقال الشيرازي إلى الكويت عام 1970 هرباً من النظام البعثي في العراق، بدأ من هناك تسييس تياره في الخليج بعد تمكنه من إقامة حوزته العلمية مدرسة "الرسول الأعظم"

مستقطبة بعض الشباب الخليجيين حتى ظهرت بوضوح مع بداية السبعينات معالم ما بات يعرف في الخليج بـ "التيار الشيرازي".

شكل انتصار الثورة في إيران عام 1979 نقطة تحول في المنطقة انعكست على التنظيمات والحركات الإسلامية الشيعية، وتفاعل الشيرازيون السعوديون مع الثورة، وبدأت حالة التصعيد في تسييس الخطاب الذي ترجم لاحقا في انتفاضة 1979 — 1400هـ.

صعد التيار الحركي السياسي الشيعي والسني في العام ذاته ؛ فمع دخول جهيمان العتيبي إلى الحرم المكي جرت دعوة الطائفة الشيعية بالقطيف إلى التجاوب مع الثورة الخمينية لتبدأ ما يسمى "الانتفاضة" في مدينة صفوى ورفعت خلالها الشعارات السياسية العامة المتأثرة بالثورة الإيرانية والمؤيدة لها مثل: "بالروح بالدم نفديك يا إمام" (الخميني).

خرج من بينهم فريق آخر غير متحمس لهذه المظاهرات والمسيرات.. أقلية مكونة من التيار الديني التقليدي ومجموعة من الوجهاء والتجار ينشدون الاستقرار وينزعجون من حالات التمرد، وفي مساء اليوم الثامن تدخل الوجهاء بعد الالتقاء بنائب وزير الداخلية الأمير أحمد بن عبد العزيز لبحث سبل تهدئة الأوضاع، حتى انتهت في اليوم التاسع.

وشكلت الانتفاضة نقطة تحوُّل في الحالة الشيعية السعودية سياسياً، فكانت أول إعلان لبدء عملية تسييس المذهب، وكانت بداية ما يسمى "الحراك الشيعي"، بعد أن تمكِّن التيار الشيرازي من استخدام الحسينيات للتعبئة والتحريض على التحرك والبدء في تشكيل هوية جديدة للجمهور في القطيف بإعادة قراءة تاريخ الحسين وكربلاء بشكل ثوري.

بعد الانتفاضة جرى الإعلان عن تأسيس: "**منظمة الثورة الإسلامية في الجزيرة العربية**" التي تعد فرعاً من حركة "**طلائع الرساليين**" لتمثل المنظمة الشيرازيين السعوديين، ولتبدأ بتصدير البيانات السياسية المعارضة للسعودية من الداخل الإيراني بعد خروج عدد من قيادات الحراك إلى طهران.

وتعد "**طلائع الرساليين**" الحركة الأم التي تنضوي تحتها عدة منظمات تحت قيادة المدرسي، فبالإضافة إلى "**منظمة الثورة الإسلامية في الجزيرة العربية**"، كانت هناك "**الجبهة الإسلامية لتحرير البحرين**" بقيادة السيد هادي المدرسي، و"**منظمة العمل الإسلامي في العراق**" بقيادة الشيخ قاسم الأسدي، و"**منظمة تحرير عمان**". وتعود جميعها إلى قيادة القائد الأعلى للحركة محمد تقي المدرسي، و"**المجلس الحركي**"؛ الإدارة العليا المسؤولة عن وضع السياسات العامة للحركة.

وتقدم المنظمة نفسها بصفتها حالة ثورية ضد السلطات ، فرمز المنظمة سلاح معلق على الكعبة. وفي سبيل حشد الطاقات لتحقيق شعار الثورة في كل مكان ، دعي عدد من الأفراد في القطيف للهجرة إلى إيران والالتحاق بالمنظمة ، حيث كانت الحماسة الثورية في أوجها بعد إعلان الثورة الإسلامية في إيران ، ليتلقى الطلاب العلوم الدينية في حوزة القائم بالقرب من طهران ، إلى جانب التدريبات العسكرية لعدد من الشبان من كل من السعودية والبحرين والكويت.

في ديسمبر (كانون الأول) 1981 صدرت الأوامر من إيران لخلية من أربعة أشخاص من عناصر "الجبهة الإسلامية" بالتوجه إلى البحرين في محاولة للقيام بعملية انقلاب فاشلة ، وانكشف أمرها عقب ضبط السلطات الإماراتية شحنة وجد فيها الزي الرسمي لشرطة البحرين مهربة من إيران باتجاه البحرين عن طريق دبي ، وانتهت بالقبض على ثلاثة من أعضاء الخلية.

بث التلفزيون البحريني الرسمي قائمة بـ 73 شخصاً مطلوباً لدى أكثر من دولة خليجية بتهمة تدبير محاولة الانقلاب على النظام ، كان من بينهم 19 سعودياً ، وكانت العملية تستهدف تفجير الاحتفال المركزي المقررة إقامته في المنامة بمناسبة اليوم الوطني للبحرين ، والذي يوجد فيه كبار المسؤولين في الدولة.

"**حزب الله الحجاز**" انتقل بعض مشايخ القطيف والأحساء الى مدينة قم الإيرانية 1980م، لإكمال الدراسة على يد حسين منتظري، وكان الشيخ حسين الراضي (رجل دين شيعي سعودي ولد بالأحساء) مشرفاً على الحوزة العلمية فيما يتعلق بشؤون "**العلماء الحجازيين**". ويستخدم الإيرانيون عادة اسم "**الحجاز**" لتوصيف انتماء شيوخ البحرين والسعودية، لإظهار عدم الاعتراف بالشرعية السياسية في البلدين.. ثم تشكل "**تجمع علماء الحجاز**" ويضم المقلدين للخميني، وكان الهدف منه نشر مرجعية الخميني بصفته فقيهاً بولاية مطلقة في منطقة القطيف والأحساء التي كانت تدين لمرجعية النجف بالولاء.

وجرى تدشين التبشير بمرجعية الخميني من قبل الأعضاء المشايخ أثناء الوجود في مدينة دمشق بشكل موسمي في إجازة الصيف بحي السيدة زينب. واسم "**تجمع علماء الحجاز**" ليس متداولاً لدى العامة في القطيف والأحساء، حيث يعرف بـ "**خط الإمام**" نسبة إلى الإمام الخميني الزعيم الروحي لهذه الجماعة، فبات الاسم الأخير تعبيراً عن الخط السياسي والدعوي للتيار، واسم "**حزب الله الحجاز**" في جانب الخط العسكري.

وبدأ تأسيس "**تجمع علماء الحجاز**" للاهتمام بشؤون الطلاب القادمين من الخليج للدراسة في مدينة قم، ليقتصر عمل

"**خط الإمام**" على العمل التربوي والدعوي ، الذي تبدل بعد نزوله المعترك الاجتماعي في صراع على الشرعية مع الآخرين.

وتعود نشأة "**حزب الله الحجاز**" بوصفه تنظيماً عسكرياً ، إلى رغبة الإيرانيين – الحرس الثوري تحديداً – في إيجاد موطئ قدم في السعودية للقيام بعمليات انتقامية بعد أحداث الحج عام 1987 ، التي حدثت خلالها مواجهات دموية في الأماكن المقدسة بين رجال الأمن السعوديين والحجاج الإيرانيين.

ولم تكن هذه الحادثة الوحيدة ؛ فقد حصلت عدة حوادث مشابهة في الحج منذ عام 1980م. وبعد أحداث الحج عام 1987 عرض الحرس الثوري الإيراني على "**منظمة الثورة الإسلامية في الجزيرة العربية**" تسليح المنظمة وتدريبها للقيام بعمليات انتقامية داخل السعودية ، إلا أن المنظمة رفضت العرض ، فرد الإيرانيون بأنه "**في حال رفضكم عرضنا سنعمل على تهيئة غيركم للمهمة**" ، وبعد أحداث حج 1987م مباشرة تشكل "**حزب الله الحجاز**" على شكل خلايا صغيرة يسهل السيطرة عليها ، وكانت المجموعة الأولى في الحزب أغلبها عبارة عن منشقين عن حركة "**الطلائع الرساليين**" ممن تدربوا في معسكراتها.

في عام 1989 ، تحوَّل "**خط الإمام**" إلى العمل السياسي شبه المنظم ، وبدأ ينتشر في الأحساء وجزيرة تاروت ومدينة صفوى ، وبدأت تصدر مجلة شهرية من بيروت تسمى: "**رسالة**

الحرمين" تعبر عن مواقف "خط الإمام" و"حزب الله الحجاز»
من الأحداث السياسية الإقليمية.

وذكرت المجلة في أحد أعدادها بأن "(تجمع علماء
الحجاز) التقى مع وفد من حزب الله اللبناني والسيد علي
خامنئي، وأنه لا فرق بين حزب الله في لبنان أو الحجاز، وليس
هناك شك في أن علاقتنا مع الجمهورية الإسلامية قوية جدا،
لأنها قاعدة للمحررين والثوريين في العالم"، لتستمر المجلة في
الصدور مستفيدة من العفو العام الذي أطلقه الملك فهد بعد
الاتفاق مع المعارضة الشيعية عام 1993.

ويعد "حزب الله الحجاز" تنظيماً عسكرياً منفصلاً عن تيار
"خط الإمام" السياسي، متخذاً السرية منهجاً، ويتشكل من عدة
خلايا منفصلة بما لا يتجاوز الأربعة أشخاص في كل خلية، إلا أن
"الحزب" يستفيد من خطاب تيار "خط الإمام" للتعبئة والتجنيد،
ومن عناصره التي يستقطبها، وهو منذ تأسيسه يعد الولي الفقيه
ممثلاً بالإمام الخميني، قائداً شرعياً لعموم المسلمين، مفترضا
الطاعة في جميع شؤونهم وأمورهم، وأن "كل إهانة توجه
للجمهورية الإسلامية الإيرانية وكل خطر تتعرض له وكل حرب
تشن عليها تعتبر تعديا على العالم الإسلامي بأسره".

مرَّ "حزب الله الحجاز" بمرحلتين في تاريخه ؛ الأولى كانت
في بداية الثمانينات الميلادية باعتماد الحزب على عناصر منشقة

من حركة "الطلائع الرساليين" كانت مهمتهم تنفيذ عمليات داخل السعودية انتقاما لما حصل للحجاج الإيرانيين، والمرحلة الثانية كانت الاعتماد على عناصر شبابية صغيرة خاضعة لتدريب بسيط، قامت بعملية تفجير الخبر عام 1996م الذي اتهم به الحزب وتفكك بعده.

وخلال مرحلة "حزب الله الحجاز" الأولى قام بعدد من العمليات ونسبت إليه أخرى، ففي أغسطس (آب) 1987 اندلع حريق كبير نتيجة انفجار ورشة كهرباء تابعة لمعامل تكرير النفط في الجعيمة (قرب رأس تنورة)، وجرى اكتشاف بعض العمليات قبل حدوثها، ومنها محاولة تفجير مصفاة النفط في مقر شركة "أرامكو" عام 1988.

وفي العام ذاته حدث انفجار في المعمل التابع لمنشأة تكرير النفط في راس تنورة، نسبت أيضاً إلى "حزب الله الحجاز"، وبعدها بأيام انفجرت قنبلة بجانب أنبوب لنقل غاز الميثانول المسيل في مصنع صدف للبتروكيماويات في مدينة الجبيل، واندلع حريق كبير، إلا أن التفجير لم يسفر عن إصابات. اتهمت السلطات السعودية حينها خلية من أربعة أشخاص من جزيرة تاروت بتنفيذ الهجوم، وصدر قرار قضائي بالإعدام في العام ذاته بحق المتهمين الأربعة المنتمين إلى خلية "حزب الله الحجاز" بتهم التفجير والانتماء إلى تنظيم مسلح وزعزعة الأمن والارتباط

بالخارج، وأعلن بعدها "**حزب الله الحجاز**" في بيان رسمي له "**إعدام أربعة مجاهدين في الجزيرة العربية**".

وفي رد فعل على إعدام أعضاء "**حزب الله الحجاز**" الأربعة، تم اغتيال السكرتير الثاني في السفارة السعودية في أنقرة عبد الغني بدوي في أكتوبر (تشرين الأول) 1988م، كما جرت محاولة اغتيال الدبلوماسي السعودي في أنقرة عبد الرحمن الشريوي عام 1989م، إلا أنه نجا بعد أن فقد ساقه نتيجة تفجير سيارته، كذلك جرت محاولة اغتيال دبلوماسي سعودي في كراتشي في ديسمبر 1988م.

وهناك أيضاً عمليات أخرى اتهم "**حزب الله الحجاز**" بالمسؤولية عنها؛ منها محاولة تفجير طائرات "**إيواكس**" أميركية في قاعدة الظهران الجوية في نهاية الحرب العراقية – الإيرانية.

في المرحلة الثانية للحزب سعى إلى تنويع طرق التجنيد بالاعتماد على طلاب الجامعات، وتمكن الحزب من تجنيد عدد من طلاب بعض الجامعات السعودية سافر عدد منهم إلى لبنان لتلقي التدريب على السلاح في أحد معسكرين الأول اسمه: "**لا اله إلا الله**" والثاني: "**محمد رسول الله**"، ولا تزيد مدة التدريب على 3 أيام في مجمل الأوقات وهناك آخرون امتد تدريبهم أسابيع.

في عام 2001 اتهمت واشنطن 14 شخصاً وجهت إليهم 46 تهمة جنائية تشمل التآمر لقتل أميركيين وموظفين يعملون

لحساب الولايات المتحدة ، واستخدام أسلحة دمار شامل ، وتدمير المنشآت الأميركية ، والتفجير ، والقتل.. أما باقي المتهمين فوجهت إليهم خمس تهم بالتآمر.

وتشمل قائمة الاتهام كلا من: عبد الكريم الناصر الذي تصفه القائمة بأنه رئيس ما يسمى: "حزب الله السعودي" ، وأحمد المغسل الذي تقول عنه القائمة إنه زعيم "الجناح العسكري" في التنظيم المزعوم ومتهم بقيادة الشاحنة المستخدمة في التفجير ، وهاني الصايغ الذي تقول اللائحة إنه ساهم في إعداد القنبلة (كان الصايغ قد فر إلى كندا عام 1997 لكنه سلم إلى السعودية بعدما تراجع عن اعترافه بالذنب) ، فضلاً عن علي الحوري وإبراهيم اليعقوب.

وفي منتصف يوليو (تموز) 1996 ، سلمت الحكومة السورية للسعوديين مصطفى القصاب ، وهو عضو آخر من خلية حزب الله المسؤولة عن تفجير الخبر.

غاب الناصر والمغسل واليعقوب والحوري ، ولا أحد يعلم عن مكان وجودهم سوى الأنباء المتواترة عن اختبائهم في إيران ، وانتهى التنظيم بالقبض على عشرات المرتبطين به وثبوت تراجعهم ، فكان إخلاء سبيل غير المتورطين بالحادث.

قرار العودة إلى السعودية في عام 1993 صدر قرار سياسي سعودي أعاد أغلب المعارضين الشيعة من المنفى في إيران ولندن

وأميركا لوطنهم وأهلهم ، كما حقق عدداً من مطالبهم الواقعية ، وأصبحوا فاعلين في مجتمعهم ، إن من خلال الحضور الإعلامي أو التأثير الاجتماعي أو النقد العام. غير أن أطرافا أخرى داخل الطائفة كانوا ألصق بإيران وأبعد عن الوطن لم يرق لهم ذلك ، فاعتمدوا طريقا آخر هو العنف.

حيث جرى الاتفاق على إقفال مكاتب الحركة في الخارج وإغلاق المجلات الصادرة عنها، وإنهاء النشاط السياسي في الخارج ، وقطع العلاقات القائمة بين الحركة والمنظمات الأجنبية ، والانخراط الهادئ والفاعل في المجتمع والمؤسسات الحكومية.

وفي هذا الشأن يقول الداعية حسن الصفار في مكاشفاته مع الإعلامي عبد العزيز قاسم: "**بعد احتلال العراق للكويت واستعانة دول الخليج بقوات التحالف لتحرير الكويت، دخلت المنطقة وضعاً جديداً، ورأينا الخطر محدقاً ببلادنا، وقد بذل النظام العراقي الزائل جهوداً مكثفة لاستمالتنا نحو موقفه، بأن نعارض مجيء قوات التحالف، ونصعّد معارضتنا للنظام في المملكة، واتصلت بنا حركات إسلامية كثيرة تشجعنا على ذلك، لأن الموقف العام عندهم كان بهذا الاتجاه، ولكننا درسنا الأمر بموضوعية وبروح وطنية، فقررنا أن ننحاز لوطننا، وأن نقف معه في وقت المحنة والشدة، فأعلنت في تصريح بثته وكالة (رويترز) للأنباء في وقته، بأننا وإن كنا نعاني من بعض المشاكل، إلا أن**

ذلك لا يعني أن نقف مع العدوان العراقي أو نبرر له. ورفضنا كل الإغراءات، وطالبنا أهلنا بالتطوع للدفاع عن الوطن، وبحفظ الأمن والاستقرار في ذلك الظرف الحساس. هذا الموقف قابلته حكومة خادم الحرمين الشريفين بالتقدير، وكان هناك بعض الوسطاء مثل سفير المملكة في الشام الأستاذ أحمد الكحيمي الذي كان له دور طيب، والدكتور ناصر المنقور سفير المملكة في لندن قبل القصيبي، وبعض الإخوة في أميركا التقوا أيضاً مع السفير السعودي الأمير بندر بن سلطان. فتكثفت اللقاءات وتكثف التواصل بيننا وبين الدولة تقديرا منا للظرف الذي يمر به البلد وتقديرا من الدولة للموقف الوطني الذي اتخذناه، ثم تفضل خادم الحرمين الشريفين، وبعث مندوباً من جهته إلى لندن، داعياً الإخوة للقاء الملك مباشرة للاطمئنان إلى موقف الحكومة واهتمامها بالأمر، وسافر بالفعل أربعة من الإخوة إلى جدة، وهم الشيخ توفيق السيف، والمهندس جعفر الشايب، والأستاذ عيسى المزعل، والشيخ صادق الجبران، حيث حظوا بلقاء خادم الحرمين الشريفين في سبتمبر (أيلول) عام 1993، ووزير الداخلية، وأمير المنطقة الشرقية".([13])

([13]) "حزب الله الحجاز".. 40 عاماً من التصدير الأمني لولاية الفقيه والتثوير بالسلاح – تدريب عناصره جرى بجنوب لبنان في معسكرين – تقرير: هدى الصالح – جريدة الشرق الأوسط اللندنية – 11 /3/ 2014 – العدد: 12887 – الرابط:

المعارضة السياسية بين نظامين وتحدي البديل العراقي

في ملتقى النبأ الاسبوعي

شبكة النبأ:

في ملتقى النبأ الاسبوعي قدم الدكتور خالد العرداوي ورقة حملت عنوان **"المعارضة السياسية بين نظامين وتحدي البديل العراقي"** جاء فيها:

إيران والسعودية نظامان رئيسيان في منطقة الشرق الأوسط الإسلامي ، بينهما عناصر تقاطع كثيرة ، ويتقاسمان عداوة تاريخية ممتدة ، لكنهما يتفقان بشكل كبير في عدم تحملهما لوجود المعارضة السياسية ، فنظام الحكم في إيران لا يتردد عن إلحاق أبشع النعوت بمعارضيه ، كالفرقة المنحرفة ، والعمالة للغرب ، ويتضح ذلك في ما نشره الموقع 598 التابع لتيار المحافظين في النظام ضد مرجعية السيد صادق الشيرازي في قم ، بل وربما دفع ضغط النظام الداعية الإيراني دانشمند إلى إعلان براءته من التيار الشيرازي بالقول : **"انه جندي من جنود الثورة الإسلامية"** ، وأنه **"لن يقف بوجه النظام وقائده السيد**

علي الخامنئي"، كما حرصت بعض وسائل الإعلام المرتبطة بالنظام على تشويه صورة معارضيه بأرخص صورة، ومثال على ذلك ما قام به علاء رضائي مذيع **قناة الكوثر** بوصفه بعض المعارضين بأنهم رؤوس الحمير وقرون الشيطان وعملاء الأجانب، ووصل الأمر إلى حد أن من يجرؤ على المعارضة والنقد للنظام حتى ولو بصورة بسيطة يتعرض للجلد والاهانة والنفي (مهند الحديدي مصداقاً) أو التحقيق والاعتقال (محكمة رجال الدين والموقف من حسن الشيرازي مصداقاً) أو الإقامة الجبرية (الشيخ منتظري ومهدي الكروبي وغيرهم مصداقاً)، ولا يسمح بتشكيل الأحزاب المعارضة للنظام، وتمنع بعض المكونات من حقوقها اللغوية والثقافية على الرغم من وجود تأكيد عليها في نصوص الدستور الإيراني النافذ.

أما نظام الحكم في السعودية، فعلى الرغم من اختلافه عقائدياً وبنيوياً مع النظام الإيراني، إلا أنه أيضاً، لا يحتمل المعارضة السياسية، فيمنع مكونات مهمة من شعبه من ممارسة طقوسها بحرية (الشيعة مصداقاً)، ويقيد حقوق وحريات شعبه بشكل صارم (الموقف من المرأة، الموقف من الأحزاب السياسية)، ويلصق أبشع الصفات بمعارضيه (رافضة، شعوبيون، عملاء الخارج، الفرقة الضالة، مخادعون..)، وينفق الأموال بسخاء لتضخيم أجهزة قمعه، وتتبع معارضيه وتصفيتهم،

حتى وصل الأمر إلى توظيف القضاء بشكل سافر لمصلحته، ومثال ذلك الحكم الأخير بإعدام الداعية الشيعي المعارض الشيخ نمر باقر النمر.

إن تحليل النظامين في إيران والسعودية يبين أنهما يتقاسمان المشتركات الآتية:

1 — في كلا النظامين يوجد ادعاء باحتكار الحقيقة المطلقة دون بقية الناس.

2 — في كلا النظامين يزعم الحاكم بأنه امتداد لحكم الله في الأرض تحت مسميات ولي الأمر أو الولي الفقيه.

3 — في كلا النظامين يوجد ادعاء بالولاية على العالم الإسلامي.

4 — في كلا النظامين يوظف التاريخ بشكل يقطع القدرة على النقد الموضوعي.

5 — في كلا النظامين تدور السلطات حول دور الحاكم وغياب مقصود لحرية إرادة الأمة في تقرير مصيرها.

6 — في كلا النظامين تقهر المعارضة وتستباح وينكل برجالاتها وتشوه صورهم.

7 — في كلا النظامين لا يمكن الحديث عن إدارة عادلة للثروة ، ويتم السكوت عن الفساد المالي والإداري المتفشي طالما انه يتحرك في ظل النظام.

8 — في كلا النظامين يوجد حرص على توظيف ساحات الآخرين للصراع وتصفية الحسابات وإبقاء ساحتاهما آمنة إلى حد ما.

وعلى الرغم من العداوة المعلنة والصراع على النفوذ بين النظامين ، فإن كلاهما يحقق فائدة كبيرة من وجود الآخر في تعبئة الأتباع ، والامتداد لمناطق نفوذ جديدة ، وإسكات المعارضين وتخوينهم ، ومنع الحديث عن القضايا الملحة لوظيفة أي دولة كحق الإنسان فيها بالتمتع بحقوقه وحرياته ، ووجود نظام الحكم العادل ، والعدالة الاجتماعية في توزيع الدخل والثروة ، وتحييد المؤسسات العسكرية والأمنية ، والاختيار على أساس الكفاءة لا الولاء ، ومحاربة الفساد والمفسدين.. وطالما أن النظامين ينطلقان من نظرية الحكم الإسلامي ، ولكن من رؤيتين مختلفتين ، فالأسئلة التي تطرح نفسها هي:

1 — هل إن نظام الحكم في الإسلام يقيد المعارضة السياسية ابتداء ويحجم دورها لمصلحة الحاكم ونظام الحكم أم أن ما يحصل في النظامين تجاوز مقصود للتشريع الإسلامي في العمل السياسي ؟.

2 — إذا كانت مخرجات الصراع بين النظامين تصب في مصلحة الحكام على حساب المحكومين ، فما هي السبل لتجاوز هذا الصراع وتحييد تأثيراته السلبية ؟.

3 — إذا كانت المعارضة السياسية مؤذية لكلا النظامين ، فهل هناك اتفاق ضمني بينهما على تصفية المعارضة فيهما على الرغم من الاعتراضات الإعلامية والسياسية المعلنة ؟.

4 — هل من مصلحة العالم الإسلامي أن يتجسد نموذج الحكم الشيعي بإيران ونموذج الحكم السني — الوهابي بالسعودية.

5 — هل ستستمر هذه اللعبة بين النظامين بشكلها الحاضر الآمن عليهما أم أن تداعيات غير متوقعة سترتد على مركز النظام في كليهما وتطيح به في وقت ما ؟.

العراق والفرصة التاريخية

على الرغم من كل ما يجري في العراق من محن ويلاقيه من تحديات ، فان نظام الحكم فيه بعد 9 / 4 / 2003 كان ولا زال يمتلك فرصة تاريخية في طرح بديل سياسي لنظام الحكم يكون أكثر انفتاحاً على المعارضة ، وأكثر إيماناً وثقة بالناس على اختلاف هوياتهم وانتماءاتهم ، وأكثر فاعلية في العمل والأداء وتوزيع الدخل والثروة ، وأكثر خضوعاً لمراقبة ومحاسبة صاحب الولاية

الحقيقي أي الأمة ، ويمتلك قدرة أكبر على الانتقال السلمي للسلطة مما يعزز فرص ومقومات البقاء في المستقبل.

نعم إن النظام عجز لحد الآن عن اغتنام هذه الفرصة ، لأسباب عدة منها ما يرتبط بطبيعة القيادة التي أمسكت بزمام الأمور بعد التاريخ أعلاه والتي كانت في الخط العام دون المستوى في الاستجابة للتحديات وخلق الرؤية الستراتيجية المشتركة لبناء وتنمية بلدها وتحفيز واستنهاض شعبها ، فضلا عن أرث الدكتاتورية والاستبداد المقيت ، والثقل الثقافي التاريخي الذي تنوء بحمله جميع المكونات العراقية بسبب انغلاقها الثقافي وتمحورها السيئ حول نفسها ، وغير ذلك من الأسباب الداخلية ، ولكن عند تحليل ما يجري في العراق في إطار التحليل للنظامين السعودي والإيراني سنكتشف أن خراب العراق وفشل نموذجه في الحكم يخدم كثيراً كلا النظامين ، لأنه يمنع إيجاد بديل ثالث يتحدى أطروحاتهما الفكرية – الأيدلوجية وممارساتهما السياسية في الحكم ، فلو وجد هذا البديل ونجح يعني أن نظرية الدومينو المعروفة ستترك ارتداداتها السلبية عليهما ، ولتحركت ساحتاهما السياسية بقوة تفوق قوة داعش الهدامة اليوم في العراق.

إن هذه القراءة لدور العراق المفترض في هذه المرحلة التاريخية المهمة التي تمر بها المنطقة تلقي عبئًا كبيراً على العراقيين ، حكاماً ومحكومين ، للخروج بسرعة من فوضى الإرباك

والاستقطاب المسلطة عليهم ، للنظر بايجابية أكثر وقدرة أقوى على الفعل في الحاضر والمستقبل ، وتوظيف كل الإمكانيات والظروف لمنع ضياع الفرصة التاريخية التي يحرص جميع الشركاء الإقليميين على ضياعها منهم ، واستثمار جسامة الخطر المحدق حالياً وتداعياته المهددة لجميع المكونات لإنتاج مخرجات تعزز التعايش السلمي والثقة المتبادلة والعدل والعدالة الاجتماعية والشفافية والكفاءة والحكم الرشيد ، هذا ما يحتاجه العراق ، وما تحتاجه جميع شعوب المنطقة ، فهل هناك من يستطيع الإمساك بهذه الفرصة التاريخية بقوة وحكمة ورؤية إستراتيجية ثاقبة ؟.

بعد الانتهاء من الورقة بدأت المداخلات حول ، وكانت أولى المداخلات لرئيس **مؤسسة النبأ للثقافة والإعلام** مرتضى معاش الذي بدأ بقوله: الصراع السعودي – الإيراني أصبح شديد القسوة الآن ، إنهما يلجآن إلى المعادلة الصفرية ، إما أن نربح كل شيء أو نخسر كل شيء، وقد بدأت السعودية حرب تخفيض الأسعار للنفط لغرض ضرب الاقتصاد الإيراني من الداخل ، وبضمن ذلك استهداف روسيا أيضاً، نتيجة لمواقفها مما يجري في سوريا ، مما ادى في هذه المرحلة إلى انخفاض سعر الروبل الروسي ، لكن هذه المعادلة الصفرية يراها معاش أشبه باللعب بالنار ومن يلعبها سوف يحترق فيها.

ورأى في قضية الشيخ النمر أنها ليست استهدافاً شخصياً له بل هي لغرض التحشيد الطائفي بين السعودية وايران ، بسبب ما تراه السعودية استحواذاً ايرانياً متواصلاً على مناطق نفوذها.

ينتقل معاش بعد ذلك إلى نقطة أخرى تطرقت إليها الورقة ، ويرى أن هناك ربطاً تعسفياً بالإسلام في كل ما يجري من حولنا ، ويجب التفريق بين النظرية الإسلامية ومجالات تطبيقها من قبل الأفراد أو الحكومات أو النظم السياسية ، إضافة إلى انه ليس كل شيء يستدعي مجيء تشريع لأجله ، فهناك قضايا عقلية لا حاجة لمجيء تشريع لأجلها ، لانها قضايا مربوطة بالعقل ، مثل الظلم قبيح ، والكذب قبيح ، وبالتالي فإن مسائل مثل التعددية والتداولية والمعارضة ، هي من الاشياء الطبيعية الحسنة ، لكن ما جعلها تعيش في غربة عن حياة المسلمين ولا يستطيعون التعرف عليها ، هو ما فعلته الممارسات السلطوية في العهود الأسلامية الأولى ، وما رسخته سياسات معاوية ، من قبل مصادرة آراء الآخرين وقتل المعارضين له ، وهو ما يرتبط برأي معاش ، بعقلية الحاكم القائمة على تحقيق مصلحته الشخصية ومصلحة الحاشية المحيطة به.

ويربط ذلك بما يقوم به النظامان الإيراني والسعودي ، وكيف أن كل نظام يعمل وفقا لما تقتضيه المصالح الشخصية للحاكمين ، فهناك بين السعودية وإيران جماعات تتلاقى

مصالحها ، وهناك جماعات في صراع بسبب مصالح الحاكم على مساحة النفوذ.

ويعتقد معاش أن سبب ذلك يعود إلى فقدان الشرعية التي يحاول النظام أن يجسدها لنفسه ، ويكرسها من خلال إقصاء المعارضة والمختلفين معه ضمن طائفته ، فالنظام الإيراني يتعامل مع المعارضين له من نفس المذهب ، بقسوة أشد مما يتعامل به مع الآخرين ، خوفاً على تلك الشرعية التي هي على المحك.

وفي المثال السعودي تبرز قضية **الإخوان المسلمين** في مصر وكيف عملت السعودية على اسقاط تجربتهم بسبب النزاع على شرعية تمثيل المسلمين السنة في العالم.

حول الواقع السياسي حاليا يتطرق معاش إلى المحاور الفاعلة على الساحة وهي ثلاثة محاور: المحور السعودي – المحور الإيراني – المحور القطري / التركي ، وهي محاور لا يمكن لها أن تجتمع أو تلتقي.

ويرى معاش أن **داعش** ترتبط بالمحور القطري – التركي ، وهي ليس لها علاقة بإيران أو السعودية ، **فداعش** فكرة بريطانية بتمويل قطري ومساعدة لوجستية تركية ، وهي مثلها مثل **القاعدة** لضرب المصالح الامريكية.

وكلا المحوران (السعودي – الايراني) مرتبطان بالعجلة الامريكية ، لكن أمريكا تبدو حتى اللحظة عاجزة عن التوفيق بين المحورين بسبب جماعات النفوذ المتصارعة بين النظامين ، ويضيف معاش ، أن ملامح التوافق الإيراني – السعودي قوية رغم شدة التقاطع بينهما ، وقد تبينت نتائج ذلك في العراق من خلال إبعاد المالكي عن الولاية الثالثة ، وفي لبنان من خلال الاتفاق على رئيس الوزراء ، وفي سوريا سيتبين ذلك من خلال رحيل بشار الأسد ومجيء شخصية من نفس النظام. ويكمل معاش ، سيبقى هناك صراع بين النظامين لكن بوجود توافق ، لأن **داعش** هو الخطر الذي يتهدد الطرفين.

حول العراق يعتقد معاش أنه بأغلبيته الشيعية ، سيكون المحور الأكبر في المرحلة القادمة ، لكن الخوف الأكبر عليه هو من "الشيعية السياسية" القادمة من إيران ، والتي يمثلها الآن السياسيون المرتبطون بإيران ، والذين يعتبرون هم الأقوى في بغداد.

ويضيف: يجب التركيز على "الشيعية الدينية" وفك الارتباط بين الشيعي والسياسي ، ليكون العراق مكاناً للتعايش.

يبدأ الناشط السياسي جواد العطار مداخلته حول الأفكار الواردة في الورقة بوجوب تحديد المعيار وهو النصوص الإسلامية (القرآن – السنة – ما صح من التجربة).

فمرحلة الرسول (صلى الله عليه واله وسلم) تجربة إسلامية ، وحكم الإمام علي (عليه السلام) تجربة اسلامية ، والتجربة الإيرانية تجربة إسلامية رغم الاختلاف معها.

في التجربة النبوية ، قام النبي محمد (صلى الله عليه واله وسلم) بتوقيع معاهدات مع اليهود في المدينة وهي ما عرف بـ "**وثيقة المدينة**" ، والتي نصت على احترام الأقليات.

في التجربة الثانية ، وهي تجربة الإمام علي (عليه السلام) لم يرفع أمير المؤمنين السيف بوجه مخالفيه إلا بعد أن رفعوا سيوفهم بوجه النظام ونقضوا البيعة ، رغم الحرية التي أتاحها لهم للمعارضة والتعبير عن اراءهم.

حول قضية الشيخ النمر يرى العطار أنه من مدرسة مخالفة لمنهج الحكم في إيران ، مثله مثل الشيعة في السعودية وهم محافظون يتبعون مرجعية النجف ، وقد تم استغلال قضيته وتجييرها من قبل الإيرانيين ، في صراعهم الطائفي مع السعودية.

ويرى العطار أن الخروج من حالة الشد الطائفي بين السعودية وإيران لا يمكن له أن يتحقق إلا بتحويل السنة إلا رأس حربة في المطالبات للإصلاح والتغيير ، كي تأخذ المطالبات بُعداً سعودياً وطنياً.([14])

([14]) **المعارضة السياسية بين نظامين وتحدي البديل العراقي ...في ملتقى النبأ الاسبوعي – تقرير: حيدر الجراح – شبكة النبأ المعلوماتية: 20/ 10/ 2014 – الرابط:**

الشيرازيون: من هم وأي دور لهم في الواقع الشيعي؟

بقلم: قاسم قصير

يشكل الشيرازيون (أتباع الامام الراحل محمد الشيرازي) أحد أنشط التيارات الشيعية التي برزت في السنوات الاربعين الماضية، وقد كانت انطلاقتهم الأساسية في كربلاء العراق، لكنهم نجحوا في الامتداد نحو العديد من الدول العربية والإسلامية، وخصوصاً إيران والكويت والسعودية ولبنان والبحرين وسوريا. وكان الشيرازيون المنافس الأساسي لأنصار حزب الدعوة العراقي في العديد من الساحات السياسية. ورغم أن "**الدعوتيين**" كانوا الأكثر انتشاراً وتنظيماً، وأصحاب مشروع فكري إسلامي متكامل، فإن الشيرازيين نجحوا في تحقيق

---

http://www.annabaa.org/news111_13/%D8%A7%D9%84%D9%85%D8%B9%D8%A7%D8%B1%D8%B6%D8%A9-%D8%A7%D9%84%D8%B3%D9%8A%D8%A7%D8%B3%D9%8A%D8%A9-%D8%A8%D9%8A%D9%86-%D9%86%D8%B8%D8%A7%D9%85%D9%8A%D9%86-%D9%88%D8%AA%D8%AD%D8%AF%D9%8A-%D8%A7%D9%84%D8%A8%D8%AF%D9%8A%D9%84-%D8%A7%D9%84%D8%B9%D8%B1%D8%A7%D9%82%D9%8A

اختراقات مهمة في الواقع الشيعي ، ولا سيما بعد انتصار الثورة الإسلامية الإيرانية ، وقدرتهم على الحصول على إمكانات مالية وإعلامية وعسكرية ضخمة ، حيث كان لهم دور كبير في العديد من النشاطات العسكرية في عدد من الدول العربية ، لكن دورهم انحسر في السنوات العشر الاخيرة على الصعيدين السياسي والعسكري ، بعد حصول خلافات بين قادتهم ومسؤولي الجمهورية الإسلامية الإيرانية ، لكنهم نجحوا في تحقيق إنجازات إعلامية وثقافية كبيرة من خلال عدد من الفضائيات التي يمتلكونها وخصوصاً "الأنوار" و"الزهراء" ، وتركيزهم على نشاطاتهم التعبوية ومجالس العزاء ولاسيما في كربلاء والكويت ولبنان والبحرين. وهم يشكلون اليوم أحد ابرز التيارات الشيعية التي تنطلق من خلال تعزيز التعبئة المذهبية ونشر أعمال التطبير (ضرب الرؤوس والسلاسل) وإقامة المسيرات العاشورائية الضخمة. فمن هم هؤلاء الشيرازيون؟ وما هي امتداداتهم التاريخية والجغرافية؟ وماذا عن نشاطهم التعبوي والاعلامي ولاسيما في الكويت ولبنان؟ واي مستقبل لهم في المرحلة المقبلة؟

البداية التاريخية

ينتسب لعائلة الشيرازي العديد من المراجع والقيادات الشيعية ومن أبرزهم قائد ثورة العشرين (1926) في العراق ضد

الاحتلال الإنكليزي الإمام الحائري الشيرازي، وحالياً المرجع المجدّد في إيران آية الله العظمى السيد ناصر مكارم الشيرازي وهو يقيم في قم. أما الشيرازيون الذي نتحدث عنهم في هذا التقرير فتعود بداياتهم الى المرجع السيد عبد الهادي الشيرازي والذي توفي في ستينات القرن الماضي فخلفه ولده السيد مهدي الشيرازي والذي لم يستمر طويلاً في مرجعيته فخلفه نجلاه الإمام محمد الشيرازي (العراق) والأمام حسن الشيرازي (الذي انتقل من العراق إلى لبنان). وكان الشيرازيون يركزون على جلسات الشباب الحسيني والمدارس الدينية ومدارس حفظ القرآن وإصدار النشرات الإعلامية والثقافية. ومن قادة الشيرازيين آية الله السيد محمد تقي المدرسي (وهو تلميذ الامام الشيرازي) وشقيقه السيد هادي المدرسي.

وحسبما يذكر الباحث الدكتور علي المؤمن في كتابه: ("**سنوات الجمر**" والذي يؤرخ للحركة الاسلامية العراقية) فان بدايات الشيرازيين كانت ما بين العام 1965 و1967 وكانوا ينشطون في كربلاء باسم: "**حركة الرساليين – الطلائع**" وحركة المرجعية. وكان هذا التيار يواجه معارضة من المرجعيات الشيعية في النجف ولاسيما مرجعية الإمام محسن الحكيم.

أما الصيغة الابرز التي تحرك باسمها الشيرازيون في سبعينات القرن الماضي وثمانيناته فكانت **منظمة العمل**

الإسلامي والتي تأسست في الجمهورية الإسلامية الإيرانية في 13 نيسان 1979 باشراف الإمام محمد الشيرازي ، وتحت رعايته وتولى قيادتها السيد محمد تقي المدرسي ، وكان الناطق الرسمي باسمها الشيخ محسن الحسيني ، ومن قيادييها السيد هادي المدرسي والسيد كمال الحيدري والذي انشق عنها لاحقاً.

وقد لقي الشيرازيون دعماً كبيراً من الجمهورية الإسلامية الإيرانية ، وخصوصاً من قبل الحرس الثوري الإيراني وبعض الأوساط القريبة من آية الله المنتظري وخصوصا مهدي الهاشمي شقيق صهره السيد هادي الهاشمي. وانتشر الشيرازيون في سوريا ولبنان والبحرين والكويت والسعودية ، وأسسوا العديد من المنظمات: **كالجبهة الاسلامية لتحرير البحرين ، ومنظمة الثورة الاسلامية في الجزيرة العربية** (السعودية) ، وكان لهم دور فاعل في إيران من خلال المؤسسات الاعلامية (**كمجلة الشهيد**) بالإضافة إلى تغلغلهم في المؤسسات الإيرانية.

وأما في لبنان فكان أبرز رموزهم الإمام حسن الشيرازي الذي كان يلقى دعما من رئيس مجلس النواب الأسبق كامل الأسعد ، وقد برزت بعض الخلافات بينه وبين الامام موسى الصدر ، إلى إن جرى اغتياله في أوائل الثمانينات ، ويُقال إن حزب البعث العراقي كان يقف راء عملية الاغتيال.

وأسس الشيرازيون في لبنان عدداً من المجلات والمؤسسات الثقافية والدينية والحوزات العلمية ومنها مجلة "عفاف" المختصة بقضايا المرأة.

مميزات الشيرازيين

يتميز الشيرازيون بالحيوية والقدرة الكبيرة على إقامة المؤسسات الإعلامية والثقافية ونشر الكتب والمؤلفات واقامة الحسينيات ومجالس العزاء، وصولاً إلى امتلاك القنوات التلفزيونية الفضائية.

ولقد أصدر الإمام محمد الشيرازي عشرات المؤلفات من أجل تأكيد مرجعيته ودوره الفكري والفقهي في ظل المواجهات التي خاضها ضد المرجعيات الأخرى في النجف.

أما السيد هادي المدرسي (شقيق السيد محمد تقي المدرسي) فقد اتبع أسلوب الكتابة المبسطة، من خلال إصدار مئات الكتيبات الصغيرة والكتب المتنوعة والتي تتناول كل قضايا الحياة والهموم الاجتماعية، ويعتمد في أسلوبه على مخاطبة الشباب مباشرة ومحاورتهم.

ولقد حرص الشيرازيون وأتباعهم على التركيز على مجالس العزاء والمواكب الحسينية، لأنها تؤدي لاكتساب جماهير واسعة

وتصل إلى الأوساط العامة وهم يركزون على الجوانب العاطفية والتعبئة المذهبية.

ولقد تخرج من المدرسة الشيرازية عشرات العلماء والمثقفين والذين اختلفوا مع هذه المدرسة واتبعوا أساليب أخرى كما انهم نجحوا في إطلاق أفكار تجديدية في الواقع الإسلامي ، ولعل من أبرز الانشقاقات التي تعرض لها الشيرازيون المجموعات التي تعمل في المملكة العربية السعودية ومن أبرز رموزها: الشيخ حسن الصفار ، والأستاذ زكي الميلاد ، والأستاذ محمد المحفوظ ، والذين نجحوا في إنهاء الخلاف مع السلطة في السعودية ، واعتمدوا أساليب جديدة في العمل الإسلامي والحوار مع مختلف التيارات الإسلامية وخصوصاً التيار السلفي.

وأما في العراق والكويت والبحرين ولبنان فقد اعتمد الشيرازيون على وسائل الاعلام والفضائيات والانترنت لنشر افكارهم وتعتبر فضائيتا: "الأنوار" و"الزهراء" من أهم الفضائيات الشيعية في الوقت الحاضر ، وهما تركزان على نقل مجالس العزاء التي تقام في كربلاء والكويت وبعض الدول العربية والإسلامية ، ولهما حضور بارز في الأوساط الشيعية.

العلاقة مع ايران

حظي الشيرازيون وخصوصاً منظمة العمل الإسلامي بدعم كبير من العديد من الجهات الإيرانية ، وخصوصاً خلال الحرب

العراقية – الايرانية ، أقام معظم قادة الشيرازيين في إيران لفترة طويلة. وتولى مهدي هاشمي (شقيق صهر الشيخ منتظري هادي الهاشمي) رعاية الشيرازيين وتقديم الدعم المادي والمعنوي والإعلامي لهم. وكان العمل يتم من خلال **"مكتب دعم حركات التحرير"** والذي تأسس بدعم من الحرس الثوري الإيراني. وانطلق الشيرازيون للتحرك في العديد من الدول العربية ، وخصوصاً العراق والكويت ولبنان وسوريا والبحرين والسعودية ، وإن كان التحرك الميداني الأبرز في البحرين والسعودية من خلال: **الجبهة الاسلامية لتحرير البحرين ومنظمة الثورة الاسلامية في الجزيرة العربية.**

وحصلت صدامات كثيرة بين الشيرازيين والسلطات البحرينية والسعودية ، لكن هذه التحركات لم تصل إلى أية نتيجة عملية ، خصوصاً بعد انتهاء الحرب العراقية – الايرانية ، وبروز الخلافات بين الإيرانيين والشيرازيين بعد إعدام السيد مهدي الهاشمي لدوره في كشف "ايران – غيت".

وبعد احتلال العراق الكويت وحصول حرب الخليج الثانية بدأت تبرز اتجاهات جديدة في أوساط الشيرازيين تدعو للمصالحة مع الحكام العرب ، وتم التجاوب مع المبادرات التي أطلقها حاكم البحرين والمسؤولون السعوديون ، وعاد العديد من هؤلاء إلى بلدانهم واتخذوا مواقف وأفكاراً جديدة أخرجتهم من المدرسة

الشيرازية التقليدية ، وأصبح لديهم أفكاراً تجديدية تدعو للمصالحة الوطنية وتركز على البناء الثقافي والديني.

وبعد وفاة الامام محمد الشيرازي وتولي نجله السيد صادق الشيرازي المرجعية من بعده ، وبعد الاحتلال الأميركي للعراق برزت بعض الخلافات بينهم وبين الإيرانيين ، وقد اتهم الشيرازيون السلطات الإيرانية بالتضييق على قيادتهم المقيمة في قم لكن الإيرانيين ينفون ذلك.

وأما في الجانب الفقهي والفكري ، فقد برزت خلافات أخرى مع الإيرانيين بعد اعتراض الشيرازيين على الفتوى التي أصدرها الإمام الخامنئي بتحريم التطبير وضرب السلاسل ورفض الشيرازيون الالتزام بها.

وفي العراق لا يزال الشيرازيون ينشطون تحت قيادة السيد محمد تقي المدرسي لكن دورهم السياسي والشعبي بقي محدوداً ، ولم يتحول إلى قوة فاعلة في المشهد السياسي العراقي.

اشكاليات الشيرازيين

يواجه الشيرازيون اليوم إشكالية كبيرة بين ادعائهم أنهم دعاة للتجديد في الفكر الإسلامي والواقع السياسي ، واعتمادهم أساليب تعبوية تعتمد على الإثارة المذهبية والعاطفية ، وخصوصاً من خلال القنوات الفضائية التعبوية المخصصة للمجالس

الحسينية ، وكذلك رفضهم للفتاوى التي تحرم التطبير وضرب الرؤوس والأجساد بالسلاسل والحراب ، وقد أثار عدد من قرَّاء مجالس العزاء الذين يلقون مواعظهم من بعض المنابر الإعلامية والشعبية عند الشيرازيين الكثير من الإشكالات في بعض الدول العربية بسبب خطابهم التحريضي ضد المذاهب الإسلامية.

ورغم أن المدرسة الشيرازية قد خرَّجت العشرات من العلماء والكتاب والاعلاميين والذين يدعون للتجديد والاعتراف بالآخر والتركيز على الانتماء الوطني ، فان من بقي من هذه المدرسة من علماء ووعاظ لا يزال يركز على المجالس الحسينية كوسيلة أساسية من وسائل التعبئة ، وقد أدى انتشار الفضائيات واستخدامها في بث المجالس الحسينية مباشرة ما يرافقها أحياناً من ضرب للرؤوس أو مسيرات السلاسل إلى تقديم صورة سلبية عن الشيعة.

لكن مهما قيل عن أخطاء الشيرازيين والملاحظات على آدائهم الإعلامي والشعبي ، فإنهم يشكلون اليوم أحد أبرز التيارات الفاعلة في الواقع الشيعي ، مما يتطلب المزيد من إلقاء الضوء على ما يقومون به ، وعما إذا كان خطابهم يخدم الواقع الشيعي ، أو أنه يقدم صورة سلبية عن التشيع ومشروعه الفكري والتجديدي.

وفي ضوء هذه المعطيات يمكن القول إن خلف الواجهات الاعلامية التي يتحرك من خلالها الشيرازيون تكمن ظواهر وبيئات

شيعية كبيرة تستحق الدراسة والاهتمام في واقعنا الحالي بعيدا عن الصورة النمطية المسبقة.(^{15})

(صحافي لبناني)

(^{15}) الشيرازيون: من هم وأي دور لهم في الواقع الشيعي؟ — قاسم قصير — جريدة النهار اللبنانية — 7/ 4/ 2010 — جريدة النهار — نقلاً عن: موقع المركز اللبناني للأبحاث والاستشارات — الرابط:

http://www.centerlcrc.com/index.php?s=3&ss=4&id=1732

مؤتمر التنوع المذهبي .. إنجاز متميز

جعفر الشايب([16])

في ظل التوتر والشحن المذهبي والطائفي الذي تشهده منطقة الخليج العربي في هذه الفترة ، وبمبادرة من: **منتدى العلاقات العربية والدولية** في قطر انطلق في الدوحة في الثلاثين من نوفمبر الماضي ، وعلى مدى يومين ، مؤتمر يتناول هذا الموضوع المهم تحت عنوان: "**دور التنوع المذهبي في مستقبل منطقة الخليج العربي**".

لعل من أهم ما ميز المؤتمر التنوع الحقيقي الذي شهده لممثلي مختلف المذاهب الإسلامية في المنطقة من سنة وشيعة وإباضية ، وكذلك تعدُّد تخصصات المشاركين من أكاديميين ودعاة وإعلاميين ومثقفين وسياسيين ، مما أضفى على المؤتمر ثراء فكريا متميزاً ، إضافة إلى أجواء الصراحة التي اتسمت بها المناقشات والحوارات في المؤتمر.في تحليل أسباب التوترات

([16]) كاتب وناشط حقوقي، راعي منتدى الثلاثاء الثقافي، وعضو المجلس البلدي بمحافظة القطيف.

المذهبية ذهب أغلبية المشاركين إلى الاعتقاد بأن العوامل السياسية لعبت ولا تزال دور المحرك الأساسي في موضوع التوتر الطائفي مستشهدين بأن أهالي المنطقة عاشوا لقرون طويلة في ظل حالة من التعايش والانسجام والسلم الأهلي، ساد بينهم التزاوج والعمل المشترك دون أي حواجز. إلا أن الاستخدام السياسي للتنوع المذهبي حول كل ذلك إلى مناطق توتر وتشنج بين الناس، نتج عنها اصطفافات واستقطابات حادة، ملاحظين أن هذا التوتر عادة ما يتناسب طرديا مع تنامي مطالب الإصلاح السياسي في المنطقة.

العامل الخارجي في موضوع التوتر المذهبي كان حاضراً بقوة أيضاً في مجمل النقاشات التي دارت في المؤتمر، انطلاقاً من أن ذلك يخدم مختلف القوى ذات المصلحة من إبقاء الحالة السياسية كما هي، أو من عدم استقرارها أيضاً. ولكن البعض أرجع هذه التوترات إلى أسباب تاريخية في تراث كل مذهب والثقافة الجمعية لأتباعه، ولأسباب تربوية أيضاً ذات علاقة بمناهج التعليم وتأثير وسائل الإعلام والتوجيه الديني المتشدد.

عرضت في المؤتمر أيضاً تجارب ونماذج لمبادرات سياسية وثقافية واجتماعية ساهمت في معالجة وتهدئة حالة التوتر المذهبي في المنطقة وتحديداً في كل من: البحرين وعمان والسعودية منها عقد لقاءات مشتركة بين الرموز الدينية وإقامة

مؤتمرات حوارية وتوعية وتثقيف الجمهور. ولقناعة الجميع بجسامة وفداحة الأضرار والخسائر السياسية والاجتماعية المترتبة على هذه التوترات المذهبية في منطقة الخليج ، كان هنالك شعور مشترك لتلمس الحلول المناسبة والتي يمكن أن تسهم في بناء الاستقرار والأمن الاجتماعي والثقافي في المنطقة ، لذا جاءت مقترحات المشاركين ورؤاهم ، مؤكدة على أهمية الوعي بالتطورات التي تمر بها المنطقة وعدم الاستدراج لمعارك وهمية يكون الجميع فيها خاسراً وتؤدي إلى خلق ثغرات واسعة وخطيرة في النسيج الاجتماعي ، والتأكيد على بث ثقافة الاقرار بالتعددية المذهبية في منطقة الخليج والقبول بها من خلال وسائل الإعلام ومناهج التعليم ، والعمل على إقرار تشريعات قانونية واضحة في دول الخليج تحد من ممارسات التعبئة والتحريض وبث الكراهية في المجتمعات ، والانفتاح على تجارب المجتمعات الأخرى ذات الطبيعة التعددية والتي تمكنت من تجاوز حالات الاحتراب الداخلي بين مكوناتها.

لاشك أن هنالك مسافة كبيرة تفصلنا عن الوصول إلى كل هذه الأهداف ، ولكن البداية بلقاء إيجابي ومثمر مثل هذا المؤتمر كان ضروريا وخطوة أولى في الطريق الصحيح.(17).

---

(17) مؤتمر التنوع المذهبي .. إنجاز متميز جعفر الشايب – مقال – صحيفة الشرق السعودية –العدد رقم ٧ –صفحة ١٤ – ١١/ ١٢/ ٢٠١١.

صفحات من التاريخ السياسي للشيعة

عيسى محمد العيد

بعيداً عن الطائفية والتعصب المذهبي أصدر سماحة الشيخ فوزي السيف كتابه: **"صفحات من التاريخ السياسي للشيعة"** والتي كانت صفحاته في الأساس محاضرات ألقيت في موسم محرم 1430هـ.

وقد قدم سماحته للكتاب بمقدمة أبرز ما جاء فيها بأن العقود الثلاثة الأخيرة من القرن الماضي شهدت تحولاً مهماً في الوضع الشيعي على مستوى العالم لاحظه المراقبون وتوقفوا عند دلالاته.

بعد ذلك ذكر الشيخ السيف التحولات والتجارب التي استفاد منها الشيعة: فعلى المستوى السياسي تحقق لهم لأول مرة دولة قائمة على أساس ديني بقيادة علماء دين بعد ثورة استطاعت القضاء على النظام الشاهنشاهي الموالي للغرب. وفي مشهد آخر قدم الشيعة اللبنانيون مثالاً طيباً، استطاعوا فيه إسقاط فكرة الجيش الذي لا يقهر والذي عملت "إسرائيل" باستمرار على

تكريسها بالقول والفعل فقد خرج الإسرائيليون مرغمين تحت وطأة الضربات المتتابعة التي وجهتها لهم المقاومة في العام 2000.

وفي مجال آخر خاض الشيعة تجربة يعتقد بأنها أكثر نضجاً وهي التجربة العراقية الحديثة إذ أصروا على مشاركة المكونات الأخرى في المجتمع العراقي ، كما احتكموا – على رغم الأوضاع الأمنية والشحن النفسي – إلى صناديق الانتخابات ، في نحو يذكر بالانتخابات الحرة التي تجري خارج بلاد المسلمين عادة.

بعد ذلك شدد سماحته على أن الصحوة الشيعية ليست ضد فئة إذ قال: "**ما يؤسف له أن قسما من أبناء الأمة تتعامل مع هذه الصحوة والنهضة تعاملا طائفيا غير مبرر، وكأنها موجهة ضد الطوائف الأخرى في الأمة ، فبدأ بالتشويش عليها والتهويل ما وصفه بآثارها السلبية وهذا التعامل شمل السياسيين وقسماً من المفكرين، ومن الطبيعي أن الجمهور سيسلك نفس الطريق هذا**".

وأشار السيف إلى»أن هذه الصحوة وهي شأن داخلي بالدرجة الأولى ، حصلت عندما توجه الشيعة إلى أهمية تصحيح قسم من الأفكار السائدة ، وتعديل بعض الممارسات القائمة ، الأمر الذي أنتج بمجموعة ما قدمنا ذكره... وحيث أن الشيعة ليسوا

فئة معزولة جغرافياً بل هي متداخلة مع أبناء الطوائف الأخرى، ومع ملاحظة سهولة التواصل وتبادل التأثير في ظل عولمة الاتصال والمعرفة... حدث في صفوف بعض المسلمين تجاه مذهب أهل البيت، مثلما يحصل عادة من تأثير بعض المجتمعات بوجود حركة أو حزب عامل، حتى لو لم يكن في نظر تلك الحركة أن تؤثر في المجتمع، فإن قانون المجاورة يقتضي ذلك.

وقد قسم الكتاب بعدة محاور طرحها سماحته بأسلوب سلس ومشوق للغاية والذي بدائها:

مكونات الهوية الشيعية: وقد تطرق الشيخ فوزي إلى أن الشيعة جزء في هذا العالم ويريدون التعبير عن هويتهم الخاصة، وتعريف العالم بها، بدلاً من أن يقوم الآخرون بتعريفهم، فإن تقديم هوية مخالفة من قبل شخص يعتبر تزويراً، فكيف يكون الأمر حين تقدم هوية كاذبة هن مجتمع يقدر بمئات الملايين؟

الصورة الكاذبة التي عُرّف الشيعة بها للآخرين هي هوية مزورة (شملت العقائد والأخلاق والتكوين الجسدي) بعد ذلك تطرق الشيخ السيف إلى الآثار المعاكسة للهوية المزورة إذ قال: "غير أنه كان لهذه الهوية المزورة بعض النتائج المعاكسة لإرادة

ناشريها، إذ دفعت الكثير من الناس إلى التفتيش عن الشيعة والتشيع".

ثم أجاب سماحته عن تساؤل ما هي مكونات الهوية الشيعية؟

قال المقصود هنا: العلامات التي تترافق مع وجود الكيان المحدد، سواء منها العقدية أو الاجتماعية... ولا تدخل فيها الأمور التفصيلية، كبعض المسائل الفقهية أو العقدية (كالمتعة، والرجعة).

فمن تلك المكونات:

- الإيمان بالإمامة المنصوصة المعصومة: يتميز شيعة أهل البيت باعتقادهم باثني عشر إماماً معصوماً.

- الإيمان بالإمام المهدي محمد بن الحسن العسكري باعتباره الإمام الثاني عشر الموجود بالفعل.

- محورية القضية الحسينية: يتميز الشيعة في كل مناطقهم بجعل القضية الحسينية محوراً جامعاً معبراً عن وجدهم.

- الارتباط بالمرجعية الدينية.

ثم انتقل سماحته إلى المحور الثاني، الذي تحدث فيه عن عدد الشيعة في العالم، وقد عبر عن ذلك بقوله (تختلف

التقديرات قلة وكثرة ، فالشيعة يكثرون من عددهم فيقولون هم نصف المسلمين ، وغيرهم يقللون العدد إلى حد أنه قد قيل إن عددهم هو 70 مليوناً).

وأفاد السيف بأن الانتشار الجغرافي للشيعة في العالم كمواطنين أصليين مر على وجودهم في تلك المناطق قرون وتمتد هذه المناطق في كل القارات القديمة (آسيا وإفريقيا) ففي الهند 40 مليوناً/ وفي الباكستان 35 مليوناً/ إيران 60 مليوناً/ أفغانستان 8 ملايين / اذربيجان 8 ملايين / تركيا 3 ملايين / نيجيريا 15 مليوناً/ العراق 15 مليوناً/ طاجيكستان 2 مليون.

على صعيد آخر ذكر سماحته أن تاريخ التشيع والشيعة في أربع مناطق تتمتع بأهمية استثنائية وهي العراق بدءًا من الكوفة وتحول الإمام علي إليها فيما بعد ، إلى أن تحول العراقيون في أكثريتهم إلى المذهب في مطلع القرن التاسع عشر الميلادي. ولبنان التي تحول فيها التشيع اليوم إلى ما يشبه بيضة القبان ، كان لهم تاريخ يبدأ من هجرة الهمدانين من الكوفة. كما تطرق إلى تاريخ التشيع في إيران وتبين فيه كيف أن التشيع في مختلف مراحله وصل وانتشر في إيران بواسطة الرواة والعلماء العرب الذين قدموا من الكوفة أولا ثم لبنان والبحرين ثانياً. وفي الاستعراض التاريخي تحدث الشيخ عن التشيع في القطيف

والإحساء والذي بدأ مع إسلام عبدقيس في نحو السنة السادسة للهجرة.

على صغر حجم الكتاب إلا أنه يمتاز بأهمية مادته التاريخية والمعاصرة ولا يخلو من عنصر الإثارة والتشويق وسلاسة الطرح ، وبمادته الحيوية يصلح كمصدر ووثيقة مهمة للباحثين في التاريخ السياسي الشيعي ، كما أنه يلبي رغبة غير المختصين ، وخصوصاً المهتمين بالاطلاع على نهضة التشيع في العصر الحديث.([18])

([18]) صفحات من التاريخ السياسي للشيعة – عيسى محمد العيد – صحيفة الوسط البحرينية – 4/ 4/ 2009 – الرابط:

http://alwasatnews.com/2402/news/read/45733/1.html

الهوية الشيعية جامعةً وخاصةً

الشيعة كهوية جامعة تحمل في طياتها الاتصال والتواصل بين أبناء المذهب الشيعي في الوطن العربي والإسلامي ، ويتخذ هذا الأمر طابعاً قومياً أي أن المذهبية الشيعية تلبس لبوس القومية. ولكن كيف لها أن تكون قومية وهي ليس لها وطن واحد؟ الحقيقة أنها تكون قوميةً في مركزية رجال المذهب الذين يمارسون سلطتهم ونفوذهم على أبناء المذهب في الأقطار المختلفة مستغلِّين مكانتَهم الدينية والعلمية ، وأحياناً الانتساب إلى بيت رسول الله صلى الله عليه وسلم. وتتضح القومية في ممارسة السلطة والنفوذ من قبل رجال المذهب ، كما أنها لا تكون قومية إلا بوجود أهداف وخطط وبرامج تجمع أبناء المذهب في أهداف عليا وقومية للمذهب الشيعي.

فبوجود السلطة والنفوذ والممارسة من رجال الدين للمذهب الشيعي وأيضاً توافر الاستجابة لتلك الحلقات والممارسات من النفوذ والسلطة التي تأتي من خارج الأقطار التي ينتمي إليها أبناء المذهب الشيعي ، وأيضاً وجود أهداف عليا واستراتيجيات مذهبية نستطيع التسليم بوجود هوية جامعة

للشيعة ، تمارس من مركزٍ ما على أبناء الأقطار الأخرى وتحمِلُهم على الكثير من التعاون والاتصال والخضوع لتحقيق المصالح العليا. وهنا يكمن محورٌ مهمٌّ في سياق الهوية الجامعة للشيعة يتعلق باستجابة أبناء المذهب الشيعي في أوطانهم المختلفة التي لا يشكل فيها الشيعة مركزاً يمكن أن يدور حوله نظام سياسي ديني أو طائفي.

وهذه الاستجابة تخرج لأسباب كثيرة أهمها على الإطلاق سببان ، الأول مدى تعلق أبناء المذهب الشيعي بمذهبيتهم كوطن ، ونستطيع رمي هؤلاء بالقومية العابرة للأقطار وبالتشدد على سبيل واحد في مستقبلهم في تكوين إمبراطورية شيعية أطرافها وبداياتها تكونُ بسلطة رجال الدين ونفوذهم ومن ثم التحكم في شيعة الأقطار المختلفة لتحقيق أهدافهم العليا وهي في منتهاها إمبراطوريةٌ شيعيةٌ تكون عنوان الشرق الأوسط.

أما السبب الثاني وهو الأهم والأكثر وضوحاً فإنه يتعلق بوضع أبناء المذهب الشيعي وحريتهم واندماجهم في الأقطار المختلفة ، فكلما عاش أبناء المذهب الشيعي في أوطانهم المختلفة والمتعددة في وضع رديء وتعثر اندماجهم وقُيِّدت حريتُهم وانعدمت المشاركة السياسية والثقافية والوطنية كانوا أكثر استجابة لقيادةٍ تبرز بينهم تحقق مصالحهم ، فعندما يسعى شيعة من وطن واحد للتحالف فيما بينهم في بلد تُوزَّع المصالح

العامة وفق المذاهب ، فإن الهوية الطائفية المحقِّقة للمصالح هي التي تشكِّل أرضيةً للتحالف وليس الاشتراك المذهبي.

وفي هذا الشأن عندما لا يستطيع الشيعةُ الاندماج والتفاعل الإيجابي في أوطانهم وعندما لا يتوفر لهم تجمع طائفي يحقق مصالحهم ، فإنهم يكونون أكثر استجابة لمن يغني ويخطب ويهدف ويطمح بسلطاتهِ ونفوذهِ المذهبي من خارج أوطانهم إلى نصرة وجمع شمل أبناء المذهب الشيعي في وطن وفي مصالح مشتركة ، وكأن المذهب هو الوطن وكأنما الدين لرجال الدين وليس لرب الدين ، ففي هذه الحالة تكون الهوية جماعية تحالفية. وهؤلاء الذين يُغنُّون ويهتفون ويمارسون السلطة والنفوذ المذهبي همُّهم الأول مصالح وطنهم الذي يعيشون فيه وينتمون إليه ، فتأتي المذهبية وما تُنتجه لتكون حلقةً أو جسراً لتحقيق الأهداف والمصالح الخاصة بالدرجة الأولى ثم الأهداف المذهبية الأخرى وبعدها تأتي مصالح الأمة الإسلامية.

وإلى جانب ذلك ، كلما كانت المشاركة والاندماج حاصلين بين أبناء المذهب ووطنهم الذي يعيشون ويموتون فيه ويخدمونه ويتفاعلون مع أحداثه المختلفة بما يوفره لهم نظام دولهم السياسي والقانوني كانوا أقل تأثراً واتصالاً واستجابةً لنداءات العمائم السود وأقلَّ انكفاءً على الذات وتقوقعاً في شكل طائفي مذهبي ، فالنظام السياسي والقانوني أهم من العلاقات الاجتماعية لأبناء المذاهب

المختلفة لأنه هو الذي يصُون العدالة ، ووجود علاقات اجتماعية ومذاهب مختلفة ومتعددة في ظل نظام عادل يجعل الجميع يتسابق لخدمة الوطن وتطويره وحفظ هذا النظام السياسي والقانوني الذي عدل بينهم ، وربما تكون العلاقات الاجتماعية بين المذاهب المختلفة انعكاساً لعدالته فتأتي العلاقات الاجتماعية في تطورها وتقدمها من خلال احترام المذاهب لبعضها بعضاً وكثرة الاتصال واحترام وقدسية الوطن ونظامه.

ولنا في شعب الكويت ونظامه السياسي والقانوني خير من يمثل هذا النمط الذي يبقى أحد الأمثلة الساطعة في المنطقة ، فقد أثبتت التجاربُ وطنيةَ أبناء المذهب الشيعي ووفاءَهم للكويت الوطن.

وما يمكن الإشارة إليه هو أن هناك رجال مال يتعاونون مع رجال المذهب الذين قد يختلفون في أوطانهم فيشكلون تحالفاً ويعملون على التبشير بمذهبهم باستخدام المال والتبرعات والكتب والدعوة وحتى من خلال بعض الجامعات. ويجرنا الحديث هنا إلى موضوع التبشير بالمذهب ، فالوهابية والحنبلية والشيعية مذاهب ومشارب تبشِّر بمسالكها في أنحاء مختلفة ، باستثناء بعض المذاهب السُّنية والشيعية من العمليات التبشيرية كالشافعية والزيدية.

أما الهوية الشيعية الخاصة فتأتي في إطار المذهب الذي لا يتعدى الوطن ولا يتصادم مع أمنه السياسي والقانوني والاجتماعي والثقافي ، فيكون المذهبُ ممارسةً لطريقة وفكر وطقوس وعبادة خاصة ، فالهوية الخاصة تتعلق بالأفراد والجماعة التي تتخذ من المذهب عبادة وطريقة وليس إيديولوجيا عابرة للأقطار تخدم قومية مذهبية على خرائط دول مختلفة أو تكون لتحقيق مصالح طائفية وليست وطنية. فالهوية الخاصة واضحة من خلال نماذج عدة ، فحتى أحد أحفاد الخميني يرى حتمية التحول إلى الليبرالية وجعل المذهب ممارسة فردية لا تخضع لرجال المذهب الشيعي وأهدافهم وبرامجهم ، وهذا الرجل من سلالة الخميني وله أتباع وأشباه كُثر يرون أنه على المذهب ألا يتعدى الفرد أو الجماعة في العبادة وعلى النظام السياسي والاقتصادي والشرعي الشيعي التخلي عن المذهب وتحكُّمِهِ في مشاعر الناس وطرق عبادتهم ومعتقداتهم ، فهم يطالبون بالتحول إلى أنظمة علمانية تجعلُ الدين ومذاهبه ممارسة وحرية فردية وجماعية لا تتمثل في نظام سياسي إسلامي ، بل على النظام السياسي والاقتصادي وبرامجه تحقيق التنمية والتقدم والرفاه وخدمة الشعب لا خدمة أهداف متضاربة ومتصادمة بين أبناء الدين الواحد. ومن أمثلة الهوية الشيعية الخاصة نجد سوريا التي تضم صوراً كثيرة لمن ينتمون إلى المذهب الشيعي ولكنهم لا يخرجون عن أهداف وأمن وإيديولوجية سوريا العربية التي تخدم مصالحها وأمنها ، وبذلك

استطاعت سوريا أن تدخُل في حلقات مختلفة من التعاون والتحالف مع أنظمة علمانية وشيعية وسُنية في منظومة علاقاتها الدولية والشرق أوسطية.

وهناك نماذج كثيرة من الخليج والدول الإسلامية التي تعكس المذهبَ في ممارسة وطقوس ليست لها صلة بتحالفات وحلقات واتصالات شيعية إيديولوجية على حساب أوطانهم التي ينتمون إليها هويةً ومكاناً ، ففي مصر تنتشر الطقوس الشيعية في مذهبهم السُّني وأيضاً في الخليج هناك من يسلك المذهب الشيعي في طرق العبادة مع اختزال الفكر والتاريخ الشيعي في إطارٍ يكون المذهب مسلكاً وطريقة وطقوساً ومزارات ولا يتصادم مع الوطن ، بل إنه لا يمكن لأي كان الطعن في وطنية الأفراد والجماعات التي تمثل الهوية الشيعية الخاصة.

ومجمل القول في هذا المقال أن المذهب الشيعي يعبِّر عن هوية جامعة وخاصة ، تتجاوز الأولى الأوطان فتعتدي على الخصوصيات بينما في الثانية يكون الشيعة في أوطانهم فاعلين وحافظين وصائنين وجزءاً لا يتجزأ من أمن أوطانهم وسلامتها ، ويكون المذهب وسيلة وطريقة للعبادة. ولاشك أنه حتى في حالة الهوية الجامعة تستطيع الأنظمةُ السياسية المختلفة تحويلها إلى هوية خاصة فتكون بذلك في مأمن ، ولا يمكن لأحد من الخارج استغلال وضع أهلها ومعتقدهم وآمالهم لتحقيق أهدافهِ الخاصة

التي تتصادم حتماً مع أمن وسلامة الأوطان التي ينتمي إليها الشيعة.

في هذا الشرق الأوسط الذي يعجُّ بأديانهِ ومذاهبهِ وطوائفهِ ومعتقداتهِ وإيديولوجياتهِ يخرج أشباه أنبياء وخطباء وعسكر يحملون ثورة وثروة ينادون في الناس ، فأشباه الأنبياء يدَّعون أن الدين لهم وأن مفاتيح الخلد معهم ، ويعزف الخطباء على أوتار المستضعفين والمظلومين ، ويجنِّد العسكر الأرواحَ خدمةً لهؤلاء وأولئك من أشباه الأنبياء والخطباء.(¹⁹)

(¹⁹) الهوية الشيعية جامعةً وخاصةً ــ حميد المنصوري ــ مقال ــ جريدة الاتحاد الإماراتية ــ 13 / 11 / 2007 ــ الرابط :

http://www.alittihad.ae/wajhatdetails.php?id=32386

السعودية... محطات في الإسلام السياسي الشيعي

الإخوان مارسوا ضغوطاً كبيرة على الملك عبد العزيز، لإجبار الشيعة على تغيير عقائدهم الدينية بالقوة أو قتلهم، وكان رفض عبد العزيز هذا واحدا من أسباب ثورة الإخوان عليه.

الاعتراف بالمواطنة يسحب البساط من الحراك الطائفي

على الرغم من أن تاريخ التشيع في الجزيرة العربية يعود إلى القرن الإسلامي الأول، إلا أن الإسلام السياسي الشيعي في المملكة العربية السعودية لم يتبلور إلا أواسط سبعينيات القرن الماضي (1975)، فقد تم تشكيل أول حركة سياسية إصلاحية ذات جذور إسلامية، تدرجت في العمل بشكل مرحلي بدأ من المطالبة بحقوق الشيعة والاعتراف بهويتهم المذهبية والتوعية الثقافية النهضوية، ومرورا بمناهضة التمييز الطائفي الذي يتعرضون إليه لتتم مساواتهم مع نظرائهم في الوطن، ومن ثم المطالبة بحزمة من الإصلاحات السياسية والاجتماعية

والاقتصادية ذات الطابع الوطني ، مع شركائهم الإصلاحيين في الوطن.

يشكل السكان الشيعة في المملكة البالغ عددهم قرابة المليونين نسمة ، ما بين 10 —15 بالمائة من إجمالي عدد السكان في العربية السعودية — مع ذلك لا توجد أرقام يمكن التعويل عليها في ما يتعلق بالأقليات — ويعيش معظمهم في المنطقة الشرقية ، التي يهيمنون عليها ديموغرافياً حيث توجد أكبر حقول النفط ومصافي تكرير النفط الغنية.

واتجه عدد منهم للإقامة في الدمام عاصمة المنطقة الشرقية وأكبر مدنها ، أما الغالبية الساحقة منهم فتعيش في الأرياف والقرى ضمن واحتين كبيرتين ، القطيف والأحساء ، كما توجد تجمعات شيعية في مكة والمدينة إضافة إلى أتباع المذهب الاسماعيلي في منطقة نجران النائية على الحدود اليمنية.

ويقدر بعض المواطنين الشيعة في السعودية أن عدد سكان المنطقة الشرقية يفوق نصف المليون نسمة ، في حين يقدر البعض عدد الشيعة في السعودية بثلاثة ملايين ونصف المليون. ولكن نظراً لغياب الإحصاءات الدقيقة والحديثة عن عدد الشيعة الحقيقي في السعودية هناك تضارب في التقديرات.

ومنذ القرن الرابع عشر وحتى مطلع القرن العشرين، وقع الشيعة في الجزيرة العربية فعلياً تحت هيمنة خارجية مستمرة باستثناء ثلاثة أرباع القرن السادس عشر أبان الوجود البرتغالي بالمنطقة، ما يعني بطبيعة الحال الوقوع باستمرار تحت هيمنة سنية دخيلة. ظل معها التشيع مع ذلك القوة الروحية السائدة.

في العام 1913 استولى ابن سعود على المنطقة الشرقية منتزعاً السلطة من حكامها العثمانيين، ليضم المنطقة إلى ما سيعرف لاحقاً بالمملكة العربية السعودية. وبدافع من رغبات اقتصادية وسياسية بالدرجة الأساس اعتمد ابن سعود في تقوية سلطته وبشكل كبير على "الإخوان" المتشددين الدينيين المتحمسين والمقاتلين القبليين، وجوهر عقيدة "الإخوان" كان الدعوة للجهاد، خصوصاً ضد الكفار والمرتدين، والذين من ضمنهم وأبرزهم الشيعة، ولقد مارس "الإخوان" ضغوطاً كبيرة على الملك القادم، عبد العزيز، للعمل على إجبار الشيعة على تغيير عقائدهم الدينية بالقوة أو قتلهم، وكان رفض عبد العزيز هذا واحدا من أسباب ثورة "الإخوان" عليه في 1926 والتي سحقها ابن سعود في نهاية الأمر. ومع ذلك اتجه الإخوان لأخذ زمام المبادرة بأيديهم والشروع بقتل الشيعة بأعداد كبيرة وإن لم تكن أرقامها متوفرة.

ومنذ تأسيسها في العام 1932 سعت المملكة بكل السبل لتهدئة قلق الأقلية الشيعية ، وبتشجيع من الحكام الجدد تدفق على المنطقة الشرقية الآلاف من المستوطنين السُنة وأصحاب المطامح التجارية من نجد والقصيم ، وساعد ذلك في قيام مدن ومراكز تجارية جديدة نادراً ما أفادت الشيعة. وقوض هذا التدفق التجارة القديمة ومنظومة الزراعة التي حافظت تقليديا وباستمرار على الاقتصاد والمجتمع المحلي. والأهم من ذلك هو تجاهل المستوطنين السنة والتجار الزائرين لرجال الأعمال المحليين الشيعة ، مقتصرين بدلا عن ذلك في تبادلهم التجاري على نظرائهم العقائديين من المنطقة الوسطى والغربية.

كانت الأقلية الشيعية في السعودية هدفا للتحريض الطائفي منذ تأسيس المملكة عام 1932 ؛ وتعد معضلة التمييز الطائفي من أكبر المشاكل التي يعاني منها الشيعة في المملكة ، لذلك ظل الشيعة ، وعلى مدى تاريخ البلاد ، مهمشين وغير فاعلين ، إلى أن حفزت أحداث 1979 في الجارة إيران الزعماء الشيعة في السعودية واستجابة لمشاعر الاضطهاد الديني لتحريك الشباب تحت شعار التحدي المباشر للنظام ، لتنطلق بذلك الشرارة الأولى للعصيان المدني الشامل. في مرحلة استمرت أقل من عقد من الزمان ، ونتيجة للرد الشرس للدولة ظلت أحداثها باقية في وجدان الذاكرة الجماعية.

ويغلب على المواطنين الشيعة في السعودية الاتجاه التقليدي المحافظ ، في حين أن أصحاب الميول السياسية والاهتمام بالشأن العام لا يشكلون إلا نسبة ضئيلة جداً من مجموع الشيعة في المملكة ، ولذلك صار التركيز بصورة أكبر على كل ما يرتبط بحماية عقائدهم وحفظ هويتهم المذهبية ، تبلور ذلك في محافظة رجال الدين وأنصارهم باستمرار على مؤسسات دينية مهمة ، كالمساجد والحسينيات ، وحتى مجيء الحكم السعودي واظب الشيعة على إقامة شعائر عاشوراء السنوية بحرية عبر مواكب العزاء العامة في ذكرى استشهاد الإمام الحسين ، وعلى غرار ذلك وحتى منتصف القرن العشرين كانوا يتابعون دراساتهم الدينية في الحوزات المحلية تحت إشراف رجال الدين الكبار وبدعم من أموال الخمس المحلية.

ونظراً لقلة المنشغلين بالشأن السياسي ، لم يجر التركيز كثيراً على الجوانب ذات البعد السياسي والوطني إلا في الثلاثة العقود الأخيرة. وظلت الروابط بالمجتمعات الشيعية في الخارج من خلال السفر كطلاب علوم دينية وكعلماء يتطلعون لمواصلة دراساتهم الدينية. وبالنظر لمدى الروابط القائمة مع العراق كان يطلق على الحوزة القطيفية بالنجف الصغرى حتى الأربعينات.

في الوقت الراهن لا يتبع الشيعة الإمامية في السعودية ، مرجعية دينية واحدة ؛ فمنهم من يقلد آية الله علي السيستاني في

العراق ، ومنهم من يقلد آية الله صادق الشيرازي في قم ، ومنهم من يقلد المرشد الأعلى للجمهورية الإسلامية الإيرانية آية الله علي خامنئي ، ومنهم من يقلد آية الله محمد تقي المدرسي في كربلاء ، أو غيرهم من فقهاء الشيعة.

وتتسم العلاقة بين الشيعة والسلطة في المملكة في معظم الفترات بالقطيعة والتوجس ، بل هي في حالة توتر دائم. وقد شهدت العلاقة المتبادلة في العقود الثلاثة والنصف الماضية ، رغم الجهود التي بذلت مؤخرا لترميمها ، شد وتصعيد بين الطرفين بسبب مجموعة من الاحداث ، كان أبرزها ثلاثة:

1 – الانتفاضة الأولى (انتفاضة محرم 1400هـ)، فقد قام الشيعة المقيمون في المنطقة الشرقية بانتفاضة في شهر محرم الحرام 1979 ، بعد نجاح الثورة الإسلامية في إيران. والانتفاضة هي عبارة مجموعة مواجهات حدثت بين أبناء محافظة القطيف وقراها والاحساء وبين قوات الحرس الوطني السعودي ، بدأت الأحداث في اليوم السادس من محرم الموافق 25 نوفمبر وانتهت في اليوم العاشر من محرم الموافق 29 نوفمبر ، وانتهت الانتفاضة بقتل أكثر من 20 متظاهراً ، وبقمع المطالبات التي برزت آنذاك ، ومن ثم إعادة السيطرة على المنطقة. وكانت هذه الأحداث متزامنة مع حادثة جهيمان الشهيرة (الحرم المكي).

2 – أحداث البقيع العام 2009 ، وهي عبارة عن مواجهات حدثت بين 20 و24 فبراير ، في المدينة المنورة بين زوار محتجين شيعة وقوات الأمن السعودية ومن بينهم رجال هيئة الأمر بالمعروف والنهي عن المنكر ، أمام مقبرة البقيع ، بسبب تصوير أحد رجال الهيئة للزائرات الشيعيات. وفسر الكثير من المراقبين هذا الحدث ، على أنه نتيجة للاحتقان الذي يعيشه الشيعية في السعودية ، بسبب ما يتعرضون له من حرمان وتهميش وتضييق أثناء ممارستهم الدينية ، خصوصا الطقوس المرتبطة بزيارة رموزهم الدينية. أعقب هذا الحدث سيل من التصريحات للقيادات الشيعية منددة بطريقة تعامل رجالات الشرطة مع الزوار ، ولقاءات وفود شيعية لسؤلي الدولة للحد من تداعيات الحادث ، وتجديد المطالبة بتخفيف الضغط على الشيعة وتحقيق مطالبهم المشروعة ، التي طالما تمت المطالبة بها.

3 – الانتفاضة الثانية ، التي شهدتها المنطقة الشرقية بعد اندلاع ثورات الربيع العربي2011 وما زالت إرهاصاتها قائمة حتى اللحظة الراهنة. وقد بدأت مجموعة من الاحتجاجات المتفرقة في المنطقة الشرقية يوم الخميس 3 مارس ، متأثرة بموجة الاحتجاجات العارمة التي اندلعت في الوطن العربي ، وخصوصاً ثورة التونسية وثورة 25 يناير المصرية اللتين أطاحتا بالرئيس التونسي زين العابدين بن علي والرئيس المصري حسني مبارك ،

وكذلك الثورة البحرينية التي لم يتمكن البحرينيون من إسقاط النظام بسبب تدخل درع الجزيرة. وقاد هذه الاحتجاجات مجموعة من الشبان السعوديين الشيعة للمطالبة حبل مشكلة التمييز الطائفي، وإطلاق بعض المعتقلين ومن بينهم فيما بات يعرف "**بالسجناء التسعة المنسيون**"، وكذلك إجراءات إصلاحات سياسية واقتصادية واجتماعية عامة.

تلك المحطات الثلاث، التي صاحبها قتل بالرصاص لبعض المحتجين واعتقال ومداهمات لمنازل بعض الناشطين مضافاً إلى حظرهم عن السفر، كرست حالة الخصومة السياسية بين النظام والشيعة، كما زادت من درجة التوتر والقلق المتبادل، وخلفت جواً طائفياً مقيتاً أصبح الشيعة هم الطرف الأكثر تضرراً منه.([20])

([20]) **السعودية... محطات في الإسلام السياسي الشيعي – محمد الشيوخ – مقال – موقع ميدل إيست أون لاين – 9/ 5/ 2013 – الرابط:**

http://middle-east-online.com/?id=154842

الغرب والمسألتان السنية والشيعية

لا يخفى على الكثير من المتابعين ، أكاديميين وكتابا وسياسيين ، أن خلاف الغرب وحلفائه ومقربيه في المنطقة العربية من دول وتيارات وجماعات وأفراد مع الإسلام السياسي "الشيعي" خلاف تكتيكي مصلحي آني ، يزول بزوال المؤثر عدا عن إمكانية التحكم به والسيطرة عليه بسهولة ، فيما خلافهم مع الإسلام السياسي "السني" خلاف إستراتيجي مبدئي ، يرتكز على جملة من الرؤى والتصورات والتجارب التاريخية قديماً وحديثاً.

قبل الخوض في هذه المقاربة ، أجزم أني لا أميل كثيراً إلى هذه التصنيفات الطائفية ، باعتبارها نتائج تاريخية لا علاقة لنا بها اليوم ، إلا من خلال الفشل الكبير عربيا من قبل كل النخب التي تربعت المشهد السياسي العربي في دولة ما بعد الاستقلال ، في التأسيس الحقيقي للدولة المدنية الديمقراطية ، دولة المواطنة المتساوية والنظام والقانون.

وانطلاقاً من هذه الحقيقة ، سترتكز ملاحظاتنا السريعة على تتبع المسار التاريخي للصراع بين طرفي المعادلة التاريخية ،

الشرق الإسلامي والغربي المسيحي ، وأكثر تحديداً تعاملات الغرب مع ثنائية السنة والشيعة.

***

ترتكز رؤية الغرب وتصنيفه للإسلام السني استناداً للتجربة التاريخية في صراعه وتعامله مع العالم الإسلامي والعربي تحديداً ، بأن الإسلام السني هو الحامل لفكرة الأمة الإسلامية بمختلف قومياتها وأعراقها ، ومن ثم تمثيله لمشروع الإسلام الحضاري بتجربته التاريخية التي قد يُعاد بعثها من جديد ولا تنقصه الشواهد والمحاولات التاريخية في هذا الجانب ، والتي ليس آخرها تجربة حركات المقاومة الوطنية للاستعمار الغربي قديماً وحديثاً.

فيما المشروع السياسي للإسلامية الشيعية ، لا يعدو كونه مشروع طائفة مختزلا في شخوص ومرجعيات معينة يمكن السيطرة عليه أو احتواؤه بسهولة من خلال شخوصه ومرجعياته ، فيما لا يمكن فعل ذلك في حالة الإسلامية السنية ، كما أثبتته تجارب التاريخ والواقع المعاصر.

فعلى امتداد التجربة التاريخية للإسلامية الشيعية بكل تنوعاتها ، لم تقم هناك دولة إسلامية شيعية كحاملة لمشروع أمة بكل طوائفها ، بقدر ما كانت مشاريع طائفية صغيرة مختزلة بشخوص مرجعيات هذه الطائفة أو تلك ، فيما لم يحصل أن

قامت أي من الدويلات الشيعية بدور سياسي ندي ومواز للغرب أو لأي من الإمبراطوريات الغربية التي عاصرتها تلك الدويلات الصغيرة ، كالزيدية في اليمن أو الصفوية في إيران وغيرها.

فيما على الجانب الآخر ، ما زال الغرب مسكوناً ومهووساً بالتجربة التاريخية المريرة له مع معظم الدول والإمبراطوريات المحسوبة على الحالة الإسلامية السنية ، ابتداء بتجربتهم مع الأمويين والعباسيين ، أو تجربة الصراع الدائم مع دويلات الأندلس السنية ، التي انتهى الأمر بالقضاء النهائي عليها في عام 1495 ، فضلا عن تجارب أزيد من ثلاثة قرون من الحروب الصليبية (1096 – 1291) مع دولة آل زنكي والأيوبيين السنية.

ولا يغفل التاريخ هنا ما قام به الأيوبيون من دور تاريخي حاسم في إنهاء واحدة من أخطر مراحل التاريخ التي عاشها العالم الإسلامي ، مكبلاً تحت رحمة الحملات الصليبية المتعاقبة على مدى قرنين من الزمان ، والتي كللت باحتلالها للمسجد الأقصى ، الذي تشرف الأيوبيون السنة بتحريره على يد القائد الكردي السني ، صلاح الدين الأيوبي.

ما قام به الأيوبيون "السنة" من كسر لموجات الحروب الصليبية على العالم الإسلامي ، جسده أسلافهم السنة من قومية الترك ، ممثلاً بالإمبراطورية العثمانية التي أحيت ما يُعرف تاريخياً

بالفتوحات الإسلامية ، التي تكللت بإسقاط القسطنطينية عاصمة الإمبراطورية الرومانية الشرقية ، وما تلاها بعد ذلك من سقوط للممالك الأوروبية الشرقية واحدة بعد أخرى.

***

صحيح أنه في التجربة التاريخية للإسلامية الشيعية ، لم يتسن للحالة الشيعية إيجاد دولة خاصة بها إلا في منتصف القرن الهجري الثالث ، وتمثل ذلك بالمحاولة الشيعية الزيدية تحديداً ، في كل من الديلم وطبرستان واليمن ، وكذا تمكن الشيعة الفاطميين من تأسيس دولة لهم في المغرب عُرفت بدولة العبيديين وبانتقالها إلى مصر حيث عرفت بالدولة الفاطمية وكذلك في اليمن عُرفت باسم الدولة الصليحية.

لكن لم يتسن لهذه التجارب الشيعية تقديم نموذج سياسي مهددا للدول أو الإمبراطوريات الغربية المعاصرة لها ، ولم تسع حتى لمجرد التفكير البراغماتي السياسي بالتوسع خارج حدود الجغرافية الإسلامية التي تحت سيطرتها.

ففيما سقطت مبكراً دولة الزيدية في كل من الديلم وطبرستان ، استمرت في الحالة اليمنية طويلا كدويلة هامشية غير مرحب بها يمنياً ، كنتيجة طبيعية لعقيدتها العنصرية التي جاء بها

مؤسس هذه الدولة الزيدية الهادي يحيى بن الحسين الرسي ، في حصره الإمامة ــ أي المُلك ــ في سلالته دون غيرهم.

ما لُحظ في حالة الدولة الفاطمية بمصر من تعاملها مع الصليبيين ضد الأيوبيين ، مشابه لما قامت به الدولة الصفوية في حربها ضد الدولة العثمانية التي كانت في توسع عسكري داخل القارة الأوروبية ، فيما كانت تتعرض للهجوم الدائم من قبل الصفويين في العراق وغيرها.

***

أما في التاريخ المعاصر والحديث ، فكانت أغلب حركات التحرير العربي من الاستعمار الغربي يقودها زعماء ذوو خلفيات دينية واضحة ، كالحركة المهدوية في السودان والسنوسية في ليبيا ، وكذا ثورات عبد القادر الجزائري وعبد الكريم الخطابي في المغربي العربي ، وكذا ثورة القسام في فلسطين والشام ، وغيرها من ثورات التحرر ضد المستعمر.

ولم يتسن للحالة الشيعية أن تكون حاضرة كحالة ثورية ضد المستعمر إلا فيما عرف بثورة كتائب العشرين في العراق ، التي قام بها الزعماء السنة وبعض الشيعة على حد سواء ، وهي ما كررتها حديثاً حالة **حزب الله** اللبناني ولكن تورطه بعد ذلك في

المشهد السوري كرأس حربة طائفية ضد ثورة الشعب السوري ، كشف المستور عن دور هذا الحزب المشبوه طائفياً.

غير ذلك لم يسجل للحالة الشيعية أي حضور كقوى ثورية واجتماعية تقف ضد المستعمر الغربي ، كما هو الحال في الحالة اليمنية حيث قاد زعماء الزيدية حروبا ضارية ضد الوجود العثماني التركي في اليمن ، بينما لم تسجل لها أي محاولة لمواجهة الاستعمار البريطاني الذي ظل مستعمرا لجنوب اليمن لأكثر من قرن من الزمن.

بل ما يوضح لنا حقيقة العلاقة بين الإمامة الزيدية والمستعمر هو تنازل الإمام يحيي عن بعض المناطق التي كانت بيد سلطته كالضالع وبيحان وغيرها ، بل إقامة علاقات تعترف للبريطانيين بسيادتهم على جنوب اليمن.

لذا لم يكن مستغرباً الاندفاع اليمني لتحرير الجنوب المحتل من قبل البريطانيين بمجرد ما قضت ثورة 26 سبتمبر/ أيلول 1962 على نظام الإمامة الزيدية في شمال اليمن ، حيث انفجرت بعدها مباشرة ثورة 14 أكتوبر/ تشرين الأول 1963 ضد البريطانيين ، في دلالة واضحة للتواطؤ الإمامي مع المستعمر.

لم يتوقف الأمر هنا في قصة التحالف الغربي الشيعي غير المعلن ، فقد كشفت الحالة اليمنية حقيقة ذلك التحالف خلال

الحرب الجمهورية الملكية ، حيث انبرت كل الدول الغربية لدعم عودة نظام بيت حميد الدين الذي نبذه اليمنيون.

ولقد وصلت مرحلة الدعم إلى إرسال الغرب لخبرائه لقيادة المعارك ضد الثوار الجمهوريين ، بل وصل الأمر إلى مشاركة الطيران الإسرائيلي حينها في ضرب أهداف ومواقع الجمهوريين كما ذكر فريد هاليدي في كتابه الشهير: **"الصراع السياسي في جزيرة العرب"**، بل حتى تم تمويل مرتزقة كبار في تلك الحرب كالمرتزق الشهير بوب دينار وغيره من المرتزقة الذين شاركوا في حروب الإمامة الشيعية ضد ثوار اليمن الجمهوريين.

حديثاً تتجلى حالة اليقين في وجود علاقة ما بين الشيعة بالمرجعية الإيرانية والغرب عموما على حساب مصالح العرب ، من خلال ما نلاحظه في تعاطي دول الغرب مع ما بات يعرف بملف الإرهاب الذي لا يقصدون به سوى الحالة السنية ، ومحاولة إلصاق هذه التهمة بها فحسب.

أمر آخر لافت في هذا الجانب ، تجلى بأكذوبة برنامج العراق النووي الذي هدف لضرب العراق وتصفيته كقوى إقليمية عربية حينها ، فيما برنامج إيران النووي يتم التعامل معه بنفس طويل امتد لعقدين وسينتهي بالاعتراف لها بذلك.

في الحالة اليمنية مثلاً، ترفع جماعة الحوثي الشيعية شعاراتها المعادية صراحة للغرب الأميركي وإسرائيل، فيما لم يسجل لهذه الجماعة أي عمل عسكري ضد الغرب والمصالح الأميركية، وتركز كل أعمالها المسلحة ضد اليمنيين فقط، وفي المقابل لم تحظ هذه الجماعة بأي إدانة أو حتى التفكير بمجرد الإدانة، لممارساتها الإجرامية في حق اليمنيين من قتل وتهجير وتشريد وتوسع عسكري على الأرض.

بل ما يشير لحقيقة العلاقة غير المعلنة بين هذه الجماعة والقوى الغربية، هو فرضها غربياً كقوى رئيسية في **مؤتمر الحوار الوطني**، دون أي شروط عليها مقابل ذلك، كتسليم الأسلحة الثقيلة، وهو ما شجعها للقفز فوق مخرجات الحوار والانطلاق للتوسع المسلح على الأرض، في ظل صمت قاتل من قبل المجتمع الدولي ممثلا بالأمم المتحدة التي ترعى عملية الانتقال السياسي في اليمن.

***

أما في هذه المرحلة فلم يعد خافياً على أحد، مدى متانة العلاقة القائمة بين الغرب والحالة الشيعية الراهنة وإن لم يتم التعبير عنها، فمؤشراتها أوضح بكثير. منها ما جرى ويجري في الحالة العراقية منذ سقوط بغداد في أبريل/ نيسان 2003، حيث

تحالف الأميركيون مع القوى الشيعية منذ اللحظة الأولى ودُفع بهم للسيطرة على مقدرات السلطة في العراق.

والأخطر فيما جرى في المشهد العراقي ، هو الإصرار الغربي والأميركي تحديدا على التعامل مع الحالة الشيعية باعتبارها تمثل أغلبية ، فيما السنة أقلية ، وهي الحقيقة التي لا أساس علميا لها ، فالسنة أكثرية في العراق بالنظر إلى أن السنة يشملون حتى الأكراد وليس فقط العرب.

التوافق الشيعي الأميركي في العراق لم يكتف بتهميش العرب السنة فحسب ، بل أيضا الشيعة العرب غير الموالين لولاية الفقيه "الإيرانية" كتيار الخالصي والصرخي وغيرهم.

لكن يبقى موقف المراجع الشيعية العليا كالسيستاني والحكيم الصامتة وغيرهم تجاه الاحتلال الأميركي للعراق 2003 ، كأوضح مثال على مدى حالة التوافق وربما التحالف بين الغرب والحالة الشيعية ، وهو ما يتجلى بصورة أوضح بعد ذلك في عدم ضم أي فصيل شيعي لما بات يُعرف غربياً وأميركياً تحديداً بقائمة الجماعات الإرهابية ، رغم الحالة الشعاراتية الصاخبة للجماعات الشيعية في ادعائها للمقاومة والعداء للغرب وإسرائيل.

ولا يفسر لنا ذلك سوى أن الغرب بات يدرك جيدا ، أن الحالة السنية هي المهدد الحقيقي لمصالحه غير المشروعة في

العالم العربي والإسلامي ، وهي وحدها من تمثل المقاومة الحقيقية ، ولذا سعى جاهداً إعلامياً إلى تشويه هذه الحالة واختراق بعضها الآخر مخابراتياً ، وتقديمها كعدو للعالم كله يجب التخلص منها بذريعة الإرهاب المنتج غربياً.

***

أمر آخر في موقف الغرب من المسألتين الشيعية والسنية ، وتفضيل الغرب للتعامل السياسي مع الحالة الشيعية ، ينبع من حقيقة أن الشيعة جماعات تتمتع بولاء شديد لمراجعها الدينية ، والذين من خلالهم تتم السيطرة على هذه الجماعات.

أمر آخر ، يدرك الغرب أن الجماعات الشيعية هي أقليات في العالم العربي ، وهو ما يسهل للغرب مهمة التعامل معها ، وهي التي ترمي بثقلها السياسي بيد الغرب كحليف إستراتيجي ، لا يمكن إخفاؤه من خلال حالة العداء الشعاراتي المعلن بين الطرفين.

ما يمكننا قوله هنا ، أن حالة الرضا – وربما التحالف غير المعلن – بين الحالة الشيعية والغرب ، لا ينفي وجود حالات شيعية شريفة ووطنية على مر التاريخ ، مثلما يعني أن الحالة السنية ليست وطنية وشريفة بالمطلق أيضاً ، وهو ما بات واضحاً لنا جميعاً في ضوء تداعيات ثورات الربيع العربي ، وما أفرزته من خارطة واضحة المعالم والآفاق لكل القوى والتوجهات.

هذه مجرد ملاحظات سريعة أضعها بين يدي الباحثين والأكاديميين لإثرائها بمزيد من النقاش لاستشراف تطورات الأحداث في المنطقة العربية واتخاذها منحى أكثر قتامة بتجلياته الطائفية "السياسية".

فيما جزء كبير من تعقيدات هذه المرحلة راجع لمحاولة خلط وتوظيف تلك الإشكاليات التاريخية للتغطية على حقيقة صراع نفوذ الهيمنة بين القوى الإقليمية والدولية، التي تحاول جاهدة رسم مسار الأوضاع في المنطقة بما يضمن مصالحها غير المشروعة، التي اقتضت كفران الغرب بديمقراطيته المبشر بها طويلا، ما دام أنها ستأتي بقوى ستعمل على إعادة ترتيب تلك المصالح على قاعدة الندية والشراكة والاحترام المتبادل.

هذه الملاحظات السريعة أضعها بين أيدي الباحثين والمهتمين، في ظل التقارب الأميركي الإيراني الراهن على حساب مصالح هذه الشعوب العربية وأمنها واستقرارها الذي يمثل تهديدا مباشرا للمصالح غير المشروعة لهاتين القوتين، مما يحتم عليهما جر هذه المنطقة بعيدا عن مربع الاستقرار السياسي بإشعال فتيل صراع التوازنات الطائفية — كنموذجي لبنان والعراق — التي

تستنزف مقدرات المنطقة وتنسف وحدة نسيجها الاجتماعي واستقرارها السياسي.([21])

([21]) الغرب والمسألتان السنية والشيعية - نبيل البكيري — الموقع الإليكتروني لقناة الجزيرة (الجزيرة نت) من — 13 / 9 / 2014 — الرابط :

http://www.aljazeera.net/knowledgegate/opinions/2014/9/11
/%D8%A7%D9%84%D8%BA%D8%B1%D8%A8-
%D9%88%D8%A7%D9%84%D9%85%D8%B3%D8%A3%D9%84%
D8%AA%D8%A7%D9%86-
%D8%A7%D9%84%D8%B3%D9%86%D9%8A%D8%A9-
%D9%88%D8%A7%D9%84%D8%B4%D9%8A%D8%B9%D9%8A
%D8%A9

مركز الإمام الشيرازي يناقش "الشيعية الدينية" و"الشيعية السياسية"

ضمن سلسلة نشاطاته الثقافية الشهرية أقام **مركز الإمام الشيرازي للدراسات والبحوث** في كربلاء المقدسة وعلى قاعة جمعية المودة والازدهار حلقة نقاشية تحت عنوان: "الشيعية الدينية والشيعية السياسية.. التداخل والاختلاف" قدم الحلقة النقاشية حيدر الجراح مدير المركز واستضاف خمسة باحثين للحديث عن هذا الموضوع.

بدأ الحلقة النقاشية الباحث حكمت البخاتي حيث قدّم ورقة بعنوان: "الانبعاث الشيعي والحيف الهوياتي" حيث تحدث عن نظرة تاريخية عن الهوية الشيعية وإرتباطها ارتباط أساسي بالإمامة التي تمثل روح الهوية الشيعية الدينية والسياسية، فيما قدّم الباحث أحمد قاسم مفتن بحثاً مفصلاً بعنوان: "شيعة العراق... جدلية التحول من الجماعة الى الاثنية" بدأها بتساؤل رئيسي هل تحول الشيعة في العراق من جماعة الى إثنية، وما موانع ذلك؟

وذكر عدة محاور في بحثه عن العوامل الداخلية والخارجية داخل جماعة الشيعة في العراق والمرتبطة بوجودهم التاريخي وتأثيرهم في المجتمع الديني وتطورهم في مجال الإسلام السياسي ووصولهم للحكم وكان للبحث مداخلات واسئلة كثيرة من قبل الحضور أجاب عليها الباحث في فترة الإجابة على اسئلة الحضور.

في البحث الثالث للحلقة النقاشية للباحث علي طاهر الحمود بعنوان: "السلطة والدولة.. حفريات في المدونة الفقهية الشيعية" بيَّن في كلامه أن الشيعة فهموا السلطة والدولة من خلال الإمام حيث إنه جمع بين الدين والسياسة.

البحث الرابع تقدم به الدكتور عماد محمد محمود بعنوان: "الشيعة وعقلية المعارضة" مستذكراً ادوارهم عبر التاريخ بوصفهم الجهة المعارضة للحكم المستبد عبر التاريخ الاسلامي وبين لمَ ان الشيعة عند وصولهم للحكم ضاق افقهم وبدأوا بالتضييق على المعارضة بسبب ان تجربة الحكم بالنسبة للشيعة كانت ذات سلطة دينية والدين يتعامل مع المطلق.

وفي البحث الأخير الذي تقدم به الباحث علاء حميد تحت عنوان: "المسألة الشيعية في العراق... التاريخ والسياسة" بيّن فيه أن شيعة العراق يقعون بين تصورين داخلي وخارجي يؤثران على سلوكهم اتجاه الدولة والمجتمع ، التصور الداخلي هو الأفكار

التي تحملها شيعة العراق عن وضعهم الاجتماعي والاقتصادي بأنهم جماعة وقع عليهم الاقصاء السياسي والإبعاد عن إدارة الدولة ، هذا التصور تبلور تحت عنوان: **"المظلومية"** التي تحمل بعداً تاريخياً وتوظف سياسيا ، يمكن أن نصنف هذا التصور اجتماعياً **"النظرة إلى الذات"**، أما التصور الخارجي يستمد معناه من إسقاط تاريخي تراكم نتيجة للصراع التاريخي بين الصفويين والعثمانيين ، نستطيع التعامل على أنه **"النظرة الى الاخر"** العلاقة بين التصورين تكونت ضمن فاعلية عاملين هما **"الذات والآخر"** ، لهذا يواجهنا تساؤل من لديه التأثير الاوسع على حركة شيعة العراق ، التصور الداخلي ام الخارجي؟.

وأضاف ، أدخل تغيير النظام السياسي بعد عام 2003 شيعة العراق في صدمة التمكن من ادارة الحكم ، زاد هذا التغير من غموض العلاقة بين العاملين الداخلي والخارجي ، كان الانتقال مفاجئ وغير محسوب ، وضع تلك الحركات أمام اختبار في غاية الصعوبة فهي لا تمتلك تصور ناضج عن إدارة الدولة سوى الاحتجاج عليها. وهذا يجعلنا نبحث عن تشخيص المرحلة السياسية التي يمر بها شيعة العراق؟ وهل هي مرحلة البحث عن حقوق طائفة أو السعي لبناء دولة. ان حركات الاسلام السياسي الشيعي لم تبادر الى الاهتمام الفكري لما تشير إليه الوطنية ، التي

كشفت صعوبة الوصول إلى مرحلتها لغاية الآن ، لأنها غير قادرة على تبني مفهوم الدولة.

وشهدت الحلقة النقاشية الكثير من المداخلات حيث قال الشيخ مرتضى معاش عن مؤسسة النبأ للثقافة والاعلام بأنه يجب البحث عن مصطلح "**الشيعية السياسية**" كثيراً والتي كانت بوادر ظهوره عام 2006 وهو يختلف عن مصطلح "**الإسلام السياسي**" الذي أظهرته حرب لبنان والأزمة السورية بشدة ، وبينت كيف تستخدم الشيعية لأغراض سياسية خارجة عن ما ينسجم مع "**الشيعية الدينية**" ، واستخدم الحوثيين كمثال حي عن الشيعية السياسية التي قد تتناقض مع "**الشيعية الدينية**" ، وكيف يحاول البعض استخدام "**الشيعية الدينية**" وسيلة للوصول لـ "**الشيعية السياسية**" ، وبيَّن أن نظرية الإمام الشيرازي الراحل في كتاب: "**الشورى في الإسلام**" حول مفهوم الولاية ودمجها بين ولاية الأمة وولاية الفقيه ، حيث من حق الامة اختيار الولي الفقيه الجامع للشرائط حدوثاً وبقاءً ، أي انتخابه ابتداء وحق الامة في عزله متى ما خالف الفقيه مصالحها.

وعلق الشيخ مرتضى معاش حول آراء الشيخ النائيني مبيناً أنه أول من طرح مفهوم الديمقراطية الاسلامية ، مبتنياً رأيه على قاعدة في أصول الفقه في دفع الأفسد بالفاسد ، حيث إن الديمقراطية مع عيوبها فهي أفضل من الديكتاتورية بكل الأحوال.

وفي مداخلة للدكتور خالد العرداوي **مدير مركز الفرات للتنمية** يتساءل هل أن وجود الاختلاف النظري حول البناء السياسي للدولة فتح المجال لطلاب السلطة لاستغلال هذه الثغرة لمصلحة بناء السلطة؟ كما ذكر الأستاذ جواد العطار نظرية: "**شورى الفقهاء**" للإمام الشيرازي لو طبقت في عصرنا الحديث لاستطاعت قوى الإسلام السياسي الوصول لنتيجة مثمرة في الحكم الإسلامي، فيما بيَّن الأستاذ خليل الشافعي أن الوجود الشيعي أثبت وجوده على الأرض سواء مثلته قوى الإسلام السياسي أو لم تمثله.([22])

([22]) مركز الإمام الشيرازي يناقش "الشيعية الدينية" و"الشيعية السياسية" – تقرير – موقع مؤسسة الإمام الشيرازي العالمية – 13 /10/ 2014 – الرابط:

http://www.shirazionline.org/index.php/2012-07-27-17-34-29/264-2014-10-13-16-21-34

بين ولاية المتغلب وولاية الفقيه

خالد الدخيل(23)

إذا كانت **ولاية المتغلب** هي نظرية أهل السنّة في الحكم ، فإن **ولاية الفقيه** هي نظرية الشيعة الإمامية ــ أو الاثني عشرية ــ عن الموضوع نفسه. كانت **ولاية المتغلب** بمثابة تأصيل فقهي ــ نظري للواقع السياسي الذي فرض نفسه ابتداء من قيام الدولة الأموية في أواخر مرحلة الفتنة ومقتل علي بن أبي طالب ، أما **ولاية الفقيه** ، فقد جاءت كتدخل فقهي ــ نظري لإنقاذ الفكر السياسي الشيعي من حالة الجمود والاختناق التي انتهى إليها في أعقاب "غيبة" الإمام الثاني عشر ، محمد بن الحسن ، أوائل القرن الرابع للهجرة العاشر للميلاد.

والمقصود بـ **ولاية الفقيه** المعنى المباشر لهذا المصطلح ، وهو أن يحل الفقيه محل الإمام الغائب في تولي السلطة السياسية الكاملة. في البداية ، ظل الجدل بعد غيبة الإمام يدور حول حجم الصلاحيات التي يجوز انتقالها من الإمام إلى الولي الفقيه ، وهنا

---

(23) كاتب وأكاديمي سعودي.

يحسن بنا التذكير بأن الأصل في تولي السلطة السياسية في الفكر الشيعي الجعفري الاثني عشري ، أنه حق إلهي حصري للإمام المعصوم من الخطأ والفساد ، بل إن هذا الحق محصور في اثني عشر إماماً ، أولهم علي بن أبي طالب وآخرهم محمد بن الحسن العسكري ، الذي يقال إنه لا يزال حياً في غيبته الكبرى منذ 329هـ.

بعد حدوثها وما ترتب عليها ، تسببت غيبة الإمام للطائفة الشيعية بإرباكات دينية وسياسية أخذت تتراكم مع الوقت ، وبجمود فكري ، ما فرض التفكير بمخرج من هذا الواقع. وتتفق المصادر بأن الفقيه الإيراني أحمد النراقي ، وبعد محاولات وسجالات فقهية متتالية امتدت قروناً ، هو أول من بلور مفهوم: "**ولاية الفقيه**" أوائل القرن 13هـ /19م ، للخروج من المأزق الفكري والسياسي. أما أول من طبق نظرية **ولاية الفقيه** وأقام على أساسها دولة ، فهو آية الله الخميني بإيران ، في أعقاب الثورة على الشاه عام 1979.

من الناحية التاريخية إذاً ، وُلدت نظرية ولاية المتغلب في الشام — في دمشق تحديداً — مع قيام الدولة الأموية ، وهي التي أطلق عليها الفقهاء وعلى الدول التي قامت بعدها ، المُلكَ العَضُوض. أما ولاية الفقيه ، فقد ولدت فكرياً في إيران ، ثم تجسدت سياسياً بعد قيام الجمهورية الإسلامية هناك أيضاً.

السؤال الذي يبرز هنا هو: كيف تبدو الفروق بين هاتين النظريتين الإسلاميتين في إطار ثورات الربيع العربي؟ وقبل الإجابة تجدر الإشارة إلى أن كلتا النظريتين تنتميان إلى جذر اجتماعي واحد، وهو الخلاف الذي حصل في سقيفة بني ساعدة بعد وفاة الرسول ص مباشرة، وهو الخلاف الذي تمحور حول سؤال واحد: من الذي يحق له خلافة الرسول في منصب رئاسة الدولة؟ سؤال سياسي صرف، على أساسه شهدت السقيفة صراعاً على الحكم بين المهاجرين والأنصار، وهم الصحابة، وبالتالي فإن الخلاف الذي تمخض عن ذلك السؤال، والذي تطور لاحقاً ليأخذ شكل خلاف بين السنّة والشيعة، كان في أصله وفي جوهره خلافاً سياسياً. في هذا الإطار، كان هناك شيعة، أو مناصرون لعلي بن أبي طالب في مطالبته بحقه في وراثة ابن عمه الرسول صلى الله عليه وسلم في أن يكون أول خليفة له، نظراً لسابقته في الإسلام، ولأنه أقرب المهاجرين إلى الرسول نسباً.

يجادل عبد الجواد ياسين في كتابه: "**السلطة في الإسلام**"، بأن توريث السلطة الذي طالب به علي يأتي ضمن سياق تاريخي اجتماعي، أملته أعراف الثقافة القبلية العربية "**قبل أن نقرأه في جدليات التنظير الشيعي كحقيقة دينية تنبني عليها نظرية كلامية كاملة**"210، والإشارة في الكلام هي إلى أن مطالبة علي بخلافة الرسول كموقف سياسي، مطالبةٌ مبرَّرة، وتتسق تماماً

مع مرحلتها التاريخية ، من حيث إن مفهوم الشخصية المعنوية للدولة لمّا يكن حاضراً بعد ، أو متبلوِراً تماماً في الثقافة السياسية آنذاك ، وبالتالي لم تكن مطالبة علي بالخلافة مبنيةً على أساس من إمامة دينية انفرد بها وتؤهله لوراثة النبوة والوحي بعد النبي. بعبارة أخرى ، كان حق علي في الخلافة لا يتجاوز المعطيات الاجتماعية والسياسية التي كانت موضوع التداول والاختلاف في السقيفة ، مثله في ذلك مثل بقية الصحابة ، كأبي بكر وعمر وسعد بن عبادة على سبيل المثال.

لكن بعد مقتل علي في الفتنة ، ثم مقتل الحسين بن علي في كربلاء ، بدأت النظرية الشيعية في الحكم تأخذ منحى ثيولوجياً تصاعدياً إلى حد اللجوء الى الأسطورة ، وبالتالي تبلورت على أساس مفهوم: "**الإمام المعصوم**" ، الذي جاء النص الإلهي – وفق الكلام الشيعي – بوجوب أحقيته المطلقة في تولي إمامة المسلمين ، ثم سحب ذلك بشكل ارتجاعي إلى علي ، باعتباره الأمام الأول ، ثم الحسن ، فالحسين... إلخ.

وبالعودة الى موضوع الفروق ، نجد أن أهم فرق بين النظريتين ، هو أن ولاية المتغلب تأسست على فرضية مفصلية ، وهي أن الحكم والشأن السياسي موضوع دنيوي ، وليس موضوعاً دينياً ، وبالتالي تقع معالجته ضمن حدود الفقه والاجتهاد البشري ، وليس ضمن حدود العقيدة والأصول ، أو علم الكلام. أما

نظرية ولاية الفقيه، فتبني من جانبها ــ كامتداد لنظرية الإمامة والعصمة ــ على فرضية أن الحكم والسلطة السياسية موضوع ديني صرف، يعود أمر تقرير من يتولاه إلى الله والنص المقدس، وبالتالي يقع ضمن حدود العقيدة والإيمان، وليس ضمن حدود الفقه واجتهاد الفقهاء. والدولة التي يجب أن تنبثق من ذلك هي بالضرورة دولة دينية يحكمها رجال الدين. وقد لاحظ توفيق السيف في كتابه: "نظرية السلطة في الفقه الشيعي" أن قيام دولة ولاية الفقيه... يمثل تجاوزاً غير مباشر لفكرة التلازم بين الإمامة والسلطة، وبالتالي يخرج موضوع السلطة بشكل كامل من الإطار الكلامي إلى الإطار الفقهي... ص 162.

ورغم أن اعتماد **ولاية الفقيه** كبديل لتعذر ولاية الإمام المعصوم هو تخريج فقهي، ونقل للموضوع من دائرة الاعتقاد إلى دائرة الفقه، إلا انه لم يمنع من أن تكون الدولة التي قامت على أساس **ولاية الفقيه** في إيران بعد الثورة هي دولة دينية، والأرجح أن السبب في ذلك مرتبط بحاجة الفقيه للإمام لإضفاء الشرعية على ولايته، ولذا لم يترتب على تبلور مفهوم **ولاية الفقيه** خروج الفكر السياسي الشيعي من أزمته المعرفية، المتمثلة باتكائه المفرط على أسطرة "مفهوم الإمام"، بقدر ما أنه أتاح تجاوزاً موقتاً للانسداد السياسي الذي فرضته غيبة هذا الإمام. ومن هذه الزاوية، تبدو ولاية الفقيه الخطوة قبل الأخيرة لتحرر الفكر السياسي

الشيعي من فكرة تديين السلطة السياسية، والحاجة إلى الأسطورة كرافعة معرفية.

انطلاقاً من هذا الفرق، تبدو مواقف السنة والشيعة العرب من الربيع العربي متمايزة بشكل واضح، ففي إطار هذا الربيع، يبدو الإسلام السياسي السني في طريقه للتخلي عن ولاية المتغلب، واستبدالها بنظرية أكثر اتساقاً مع طبيعة المرحلة، وأكثر استجابة لتطلعات الشعب في أن يستعيد حقه ليكون شريكاً مباشراً في العملية السياسية المحلية. أما الإسلام السياسي الشيعي، فيبدو أنه يسير في الاتجاه المعاكس، بتأكيده على الهوية المذهبية، والتمسك بمفهوم الإمامة وعصمة الإمام كمصدر لشرعية السلطة السياسية. ولو أخذنا الموقف الرسمي من ثورات الربيع العربي، لوجدنا أن البُعد المذهبي أكثر حضوراً لدى الطرف الشيعي، حيث تقف إيران، ومعها العراق والحركات السياسية الشيعية، مع الثورات العربية باستثناء سورية، التي يحكمها طاقم حكم غير سني، وكذلك تقف هذه الأطراف مع انتفاضة البحرين لأنه يغلب عليها الطابع الشيعي. يمكن القول بأن كل الأنظمة العربية ترفض فكرة الثورة الشعبية من حيث المبدأ، لأسباب سياسية وليست مذهبية، لكن لا يمكن أن نقول الشيء نفسه عن إيران والعراق، أو عن "حزب الله" في لبنان، والمجلس الأعلى. أما

بالنسبة إلى الموقف غير الرسمي ، فيمكن ملاحظة أن كل الثورات التي طالبت بإسقاط النظام حصلت لأنظمة سنية ، ما عدا سورية.

ومع ذلك ، يقف أغلب السنة ، كما يبدو ، مع هذه الثورات جميعاً ، أما الشيعة والحديث عن الأغلبية والحركات السياسية ، فإنهم مع الانتفاضة في البحرين على أساس مذهبي والسنّة ضد هذه الانتفاضة على الأساس نفسه ، ومع الثورة في كل البلدان العربية ما عدا سورية ، انطلاقاً من الأساس نفسه أيضاً.

إذاً ، وكما رأينا في مقالة الأحد الماضي ، **ولاية المتغلب** نظرية واقعية مفرطة في واقعيتها ، وهو ما سيسهل عملية استبدالها ، أما **ولاية الفقيه** ، فهي على العكس من ذلك ، نظرية ثيولوجية مفرطة في ثيولوجيتها. ومع تداعي نظرية **ولاية المتغلب** ماذا سيحصل لـ **ولاية الفقيه** ؟ يبدو ان الدول العربية التي حدثت فيها ثورات شعبية تستعد للخروج من تاريخ الصراع المذهبي والتأسيس لدولة مدنية. وإذا ما تحقق بعض من تطلعات الربيع العربي هذه ، فسوف يتغير الإطار التاريخي لعلاقة السنّة والشيعة ، وتبعاً لذلك سوف تتغير معطيات الواقع السياسي أمام **ولاية الفقيه** ، بما يزيد من غربتها ومن مأزقها النظري والسياسي.

والحقيقة أن هذا المأزق يخص النظام السياسي الإيراني وحلفاءه ، من حيث أنه يستند إلى هذه النظرية. ومما قد يضاعف

من هذا المأزق أن عدداً كبيراً من المراجع الشيعية ترفض نظرية ولاية الفقيه ، وترى وجوب فصل الدور الديني للفقيه عن دوره السياسي.(²⁴)

_____

(²⁴) بين ولاية المتغلب وولاية الفقيه – خالد الدخيل – جريدة الحياة اللندنية – 11/ 12/ 2011 – رقم العدد: 17782 – ص 9.

قائمة المواد الواردة بالجزء الرابع:

= العلاقات المتبادلة بين شيعة السعودية وإيران - الهيثم زعفان – موقع المسلم – 1 / 4 / 2009 – الرابط:

http://www.almoslim.net/node/109491

= نجيب الخنيزي في حوار استثنائي مفتوح حول: الحراك الاجتماعي والثقافي والإصلاحي في السعودية – موقع مجلة العروة الوثقى الإليكترونية – الرابط:

http://alorwa.org/content.php?id=425

= الشيعة في السعودية: من التهميش إلى الاحتواء – تقرير إخباري – الموقع الإليكتروني العربي لقناة سي إن إن – 7 / 4 / 2007 – الرابط:

http://arabic.cnn.com/2007/middle_east/3/8/shi

ite-saudi/index.html

= تصريحات خامنئي.. قناعة راسخة.. أم تقية وتكتيك سياسي ؟! – تحقيق: مصطفى أبو عمشة – جريدة المدينة السعودية – 15 / 10 / 2010 – الرابط:

http://www.al-madina.com/node/268882?risala

= نقد التجربة الإصلاحية: البيانات الإصلاحية في السعودية –
إيمان القويفلي - موقع "المقال" – 23/ 2/ 2013 – الرابط:

http://www.almqaal.com/?p=2703

= هل السعودية محصّنة؟ مقال لستيفان لاكروا – هالة
الدوسري – مدونة الكاتبة هالة الدوسري – 19/ 10/ 2011 – الرابط:

https://halahayat.wordpress.com/2011/10/19/%
D9%87%D9%84-
%D8%A7%D9%84%D8%B3%D8%B9%D9%88%D8%
AF%D9%8A%D8%A9-
%D9%85%D8%AD%D8%B5%D9%91%D9%86%D8
%A9%D8%9F-%D9%85%D9%82%D8%A7%D9%84-
%D9%84%D8%B3%D8%AA%D9%8A%D9%81%D8
%A7%D9%86-%D9%84%D8%A7%D9%83%D8%B1/

= دعاة التعايش والتقريب في وطننا.. الشيخ الصفار أنموذجاً -
حسين أحمد زين الدين – مقال – شبكة صفوي الإخبارية – 9/ 4/
2010 – الرابط:

http://www.safwanews.com/index.php?show=news&ac
tion=article&id=5657

= زعيم الشيعة في السعودية الشيخ الصفار لـ "العربية. نت"
نريد وزيراً شيعياً – حوار - 19 سبتمبر 2004 – موقع قناة العربية على
الانترنت (العربية. نت) - الرابط

http://www.alarabiya.net/articles/2004/09/19/6430.html

= وعلماء الشيعة من يشايعهم؟ – عبد الرحمن الوابلي – صحيفة الوطن السعودية – 15/ 3/ 2014 – الرابط:

http://www.alwatan.com.sa/Articles/Detail.aspx?ArticleId=20512

= العلاقة بين الشيعة والسنة - الشيخ حسن الصفار – مقال – جريدة الدار الكويتية – 24/ 9/ 2010. نقلاً عن موقع الشيخ حسن الصفار، الرابط:

http://www.saffar.org/?act=artc&id=2477

= مفهوم الإصلاح(1): أزمة الهوية الوطنية السعودية – بدر الإبراهيم – موقع المقال – 15/ 1/ 2013 – نقلاً عن:

https://www.gulfpolicies.com/index.php?option=com_content&view=article&id=1648:-1-&catid=51:2011-04-09-07-47-31&Itemid=364

= تقرير: حركات الاصلاح في السعودية – إعداد: سلوى الشهري، نورة الفهد، عبد الله العطاوي، سارة الفواز، محمد العتيبي، وسارة الفهد – موقع وكالة أحرار الحجاز الوطنية للأنباء – 11/ 11/ 2013 – الرابط:

http://www.sa.ahrarulhijaz.com/index.php/%D8%A3%D8%B1%D8%B4%D9%8A%D9%81/item/4159-%D8%AA%D9%82%D8%B1%D9%8A%D8%B1-

%D8%AD%D8%B1%D9%83%D8%A7%D8%AA-
%D8%A7%D9%84%D8%A7%D8%B5%D9%84%D8
%A7%D8%AD-%D9%81%D9%8A-
%D8%A7%D9%84%D8%B3%D8%B9%D9%88%D8%
AF%D9%8A%D8%A9.html#sthash.ErXXDzkd.dpuf

= "حزب الله الحجاز".. 40 عاماً من التصدير الأمني لولاية الفقيه والتثوير بالسلاح – تدريب عناصره جرى بجنوب لبنان في معسكرين – تقرير: هدى الصالح – جريدة الشرق الأوسط اللندنية – 11 /3/ 2014 – العدد: 12887 – الرابط:

http://classic.aawsat.com/details.asp?section=4&issueno=12887&article=764297#.VJIOd9LF82Y

= المعارضة السياسية بين نظامين وتحدي البديل العراقي ...في ملتقى النبأ الاسبوعي – تقرير: حيدر الجراح – شبكة النبأ المعلوماتية: 20/ 10/ 2014 – الرابط:

http://www.annabaa.org/news111_13/%D8%A7%D9%84%D9%85%D8%B9%D8%A7%D8%B1%D8%B6%D8%A9-%D8%A7%D9%84%D8%B3%D9%8A%D8%A7%D8%B3%D9%8A%D8%A9-%D8%A8%D9%8A%D9%86-%D9%86%D8%B8%D8%A7%D9%85%D9%8A%D9%86-

%D9%88%D8%AA%D8%AD%D8%AF%D9%8A-
%D8%A7%D9%84%D8%A8%D8%AF%D9%8A%D9
%84-
%D8%A7%D9%84%D8%B9%D8%B1%D8%A7%D9
%82%D9%8A

= الشيرازيون: من هم وأي دور لهم في الواقع الشيعي؟ —
قاسم قصير — جريدة النهار اللبنانية — 7 /4 / 2010 — جريدة النهار —
نقلاً عن: موقع المركز اللبناني للأبحاث والاستشارات — الرابط:

http://www.centerlcrc.com/index.php?s=3&ss=4
&id=1732

= كاتب وناشط حقوقي، راعي منتدى الثلاثاء الثقافي، وعضو
المجلس البلدي بمحافظة القطيف.

= مؤتمر التنوع المذهبي .. إنجاز متميز جعفر الشايب — مقال
— صحيفة الشرق السعودية — العدد رقم ٧ — صفحة ١٤ — ١١ / ١٢ /
٢٠١١.

= صفحات من التاريخ السياسي للشيعة — عيسى محمد العيد
— صحيفة الوسط البحرينية — 4 /4 / 2009 — الرابط:

http://alwasatnews.com/2402/news/read/
45733/1.html

= الهوية الشيعية جامعةً وخاصةً — حميد المنصوري — مقال
— جريدة الاتحاد الإماراتية — 13 /11 / 2007 — الرابط:

http://www.alittihad.ae/wajhatdetails.php?id=32

386

= السعودية... محطات في الإسلام السياسي الشيعي – محمد الشيوخ – مقال – موقع ميدل إيست أون لاين – 9/ 5/ 2013 – الرابط:

http://middle-east-online.com/?id=154842

= الغرب والمسألتان السنية والشيعية - نبيل البكيري – الموقع الإليكتروني لقناة الجزيرة (الجزيرة نت) من – 13/ 9/ 2014 – الرابط:

http://www.aljazeera.net/knowledgegate/opinio
ns/2014/9/11/%D8%A7%D9%84%D8%BA%D8%B1
%D8%A8-
%D9%88%D8%A7%D9%84%D9%85%D8%B3%D8%
A3%D9%84%D8%AA%D8%A7%D9%86-
%D8%A7%D9%84%D8%B3%D9%86%D9%8A%D8
%A9-
%D9%88%D8%A7%D9%84%D8%B4%D9%8A%D8
%B9%D9%8A%D8%A9

= مركز الإمام الشيرازي يناقش "الشيعية الدينية" و"الشيعية السياسية" – تقرير – موقع مؤسسة الإمام الشيرازي العالمية – 13 /10/ 2014 – الرابط:

http://www.shirazionline.org/index.php/2012-07-27-17-34-29/264-2014-10-13-16-21-34

= بين ولاية المتغلب وولاية الفقيه – خالد الدخيل – جريدة الحياة اللندنية – 11/ 12/ 2011 – رقم العدد: 17782 – ص 9.